博士论文
出版项目

贸易政策不确定性条件下的贸易利益个体分配

Individual Distribution of
Trade Gains Under Trade Policy Uncertainty

龚联梅　著

中国社会科学出版社

图书在版编目(CIP)数据

贸易政策不确定性条件下的贸易利益个体分配/龚联梅著．—北京：中国社会科学出版社，2023.2

ISBN 978-7-5227-0660-3

Ⅰ.①贸… Ⅱ.①龚… Ⅲ.①贸易利益—利益分配—研究—中国 Ⅳ.①F72

中国版本图书馆 CIP 数据核字(2022)第 144540 号

出 版 人　赵剑英
责任编辑　谢欣露
责任校对　周晓东
责任印制　王　超

出　　版　中国社会科学出版社
社　　址　北京鼓楼西大街甲 158 号
邮　　编　100720
网　　址　http://www.csspw.cn
发 行 部　010-84083685
门 市 部　010-84029450
经　　销　新华书店及其他书店

印　　刷　北京君升印刷有限公司
装　　订　廊坊市广阳区广增装订厂
版　　次　2023 年 2 月第 1 版
印　　次　2023 年 2 月第 1 次印刷

开　　本　710×1000　1/16
印　　张　12.75
插　　页　2
字　　数　181 千字
定　　价　76.00 元

凡购买中国社会科学出版社图书，如有质量问题请与本社营销中心联系调换
电话：010-84083683

出版说明

为进一步加大对哲学社会科学领域青年人才扶持力度，促进优秀青年学者更快更好成长，国家社科基金2019年起设立博士论文出版项目，重点资助学术基础扎实、具有创新意识和发展潜力的青年学者。每年评选一次。2021年经组织申报、专家评审、社会公示，评选出第三批博士论文项目。按照“统一标识、统一封面、统一版式、统一标准”的总体要求，现予出版，以飨读者。

全国哲学社会科学工作办公室

2022年

摘　　要

近年来，以英国“脱欧”和特朗普当选美国总统为标志的“逆全球化”浪潮，迫使学术界更加慎重地分析贸易自由化和全球化背景下的贸易利益个体分配问题。而在全球化背景下，除了贸易的自由化之外，还存在贸易政策不确定性的变化。本书在现有文献的基础上，探究了不确定性的来源、表现和特征，总结了优惠贸易协定发展趋势和全世界范围内的贸易利益分配不平等现状。然后，本书构建了生产侧和需求侧的双重异质性模型，从理论上分析了贸易政策不确定性对消费者个体贸易利益及分配的影响，并以中国“入世”为准自然实验，从经验角度验证了贸易政策不确定性条件下的个体贸易利益及分配，最后通过反事实模拟验证了双边和多边贸易协定对降低贸易政策不确定性、提升消费者个体贸易利益的积极作用。基于这一研究思路，本书结构安排如下：除了前言和结论之外，还包括六章。第一章是文献述评；第二章是不确定性、优惠贸易协定及贸易利益分配的特征事实；第三章分析了基于两国情形的理论模型；第四章分析了基于多国情形的理论模型；第五章是基于中国“入世”的经验研究；第六章是反事实模拟。

本书得出的结论主要包括：第一，当前世界经济进入历史上绝无仅有的超级不确定性时代；第二，代表性消费者框架下贸易政策不确定性的贸易利益估计存在偏误，替代弹性越高的消费者遭受的贸易利益损失越低；第三，优惠贸易协定、适当的产业补贴可以降低和消除贸易政策不确定性及其影响，但优惠贸易协定的积极作用更胜一筹；第四，在优惠贸易协定框架下，贸易政策不确定性的影响会因国家之间的竞争而自动消失；第五，中国加入 WTO 主要通过降低贸易政策不确定性提高消费者贸易利益，实际关税下降的作用并不明显。

基于以上的主要结论，本书主要有三点对策建议：第一，开放型世界经济是应对全球不确定性冲击的重要举措，开放型世界经济必须以国家安全为前提条件，培养共同信念、治理全球性问题，更好地发挥政府的作用；第二，覆盖面更广的多边贸易协定是重要的开放载体；第三，陆海内外联动、东西双向互济的开放格局是新时代的要求。

关键词： 贸易政策不确定性；消费者异质性；个体贸易利益分配；开放型世界经济

Abstract

In recent years, the wave of "anti-globalization" marked by Britain's "Brexit" and Trump's election as the United States President has forced the academic community to analyze the issue of individual trade benefits in the context of trade liberalization and globalization. In the context of globalization, in addition to trade liberalization, there are also changes of trade policy uncertainty. Based on the existing literature, this book explores the source, performance and characteristics of uncertainty, and summarizes the development trend of preferential trade agreements and the current status of unequal distribution of trade benefits worldwide. Then, this book builds a dual heterogeneity model on the production side and the demand side, and theoretically analyzes the impact of trade policy uncertainty on individual consumer trade benefits and distribution. Using China's accession to the WTO as a quasi-natural experiment, this book verifies the individual trade benefits and distribution under trade policy uncertainty from an empirical perspective. Finally, this book validates the positive effects of bilateral and multilateral trade agreements on reducing trade policy uncertainty and enhancing individual consumer trade benefits through counterfactual simulations. Based on this research idea, the structure of this book is as follows: In addition to the preface and conclusion, it also includes six chapters, which are literature reviews, characteristic facts, theoretical models based on two countries, theoretical models based on multinational situations, empirical research based on China's WTO accession and counterfactual simulation.

The main conclusions of this book include five parts. First, the world economy has entered an era of extraordinary uncertainty unparalleled in history. Second, there is a bias in the trade benefit estimation of trade policy uncertainty under the framework of representative consumers. The higher the substitution elasticity, the lower the trade benefit loss. Third, preferential trade agreements and appropriate industrial subsidies can reduce and eliminate trade policy uncertainty and its impact, but preferential trade agreements have more positive effects. Fourth, under preferential trade agreements, the effects of trade policy uncertainty are automatically eliminated by competition between countries. Fifth, China's accession to the WTO mainly improves consumers' trade benefits by reducing the uncertainty of trade policies, while the effect of actual tariff reduction is not obvious.

Based on the above main conclusions, this book has three main countermeasures and suggestions. First, an open world economy is an important measure to deal with the impact of global uncertainty. But an open world economy must presuppose national security, foster common belief, govern global issues, and better leverage the role of government. Second, multilateral trade agreements with wider coverage are an important carrier of opening up. Third, the open pattern of linkage between land and sea and two-way mutual aid between east and west is the requirement of the new era.

Key words: trade policy uncertainty; consumer heterogeneity; individual trade benefit distribution; open world economy

目　　录

Contents

绪　论

一　研究背景和意义

著名经济学家约翰·肯尼思·加尔布雷斯（2009）在《不确定的年代》中，对19世纪经济思想中的确定性思想与20世纪时代问题所导致的极度不确定性进行对比后指出："19世纪，资产阶级确信资本主义的成功，社会主义者确信社会主义的成功，帝国主义者确信殖民主义的成功，统治阶级认为他们注定要统治。第一次世界大战后，所有这些确定性都烟消云散……考虑到人类今天面临的令人沮丧的复杂问题，如果它们还存在的话，也应该是支离破碎的了……激烈的美苏军备竞赛引发的核战争危险，大垄断企业权力扩张给国家主权和国际社会带来冲击、大都市日益严重的环境与社会问题，以及民主政治的内在缺陷都加重了这种不确定性。在这个事事不确定的年代，只有一件事是确定的，即我们必须面对这个'不确定'的事实。"从加尔布雷斯的描述来看，20世纪的经济政治发展，不仅从理论上否定了"确定性"经济思想，还从实际上刺破了各个阵营的"确定性"信念幻想，让"面对不确定的事实"成为唯一的选择。

然而，随着全球化的发展、世界经济政治格局的演变和人类科技文明的进步，21世纪的不确定性远比20世纪要高。2008年的国际金融危机和2011年的欧债危机，暴露了资本主义和全球化市场的深层次脆弱性。自2015年以来，金融危机诱导因素不断增加，任何外部冲击都有可能导致新的金融危机爆发。由于资本主义在世界中的利益分配不平衡，资本主义内在矛盾被激化，导致全球范围内的政治摩擦不断，局部地区政治不确定性增加。霸权主义思想根深蒂固，民粹主义愈演愈烈，由此引发的恐怖袭击、战争和局部冲突频发，石油和粮食危机、流行性疾病危机日益严峻，损害了人类社会和平健康发展的共同信念。全球化和“逆全球化”、贸易自由主义和保护主义、单边主义和多边主义之间的博弈不断升级，引发了局部贸易摩擦，比如中美贸易摩擦，给企业投资和生产带来极度的不确定性，正在损害全球经济的健康发展。此外，资源环境问题日益严重，经济发展日益疲软，全球性治理难题频出。世界经济的极度不确定性有逐渐加重的趋势，任何冲击都有可能导致不确定性再创新高。

在此极度不确定性时代背景下，国际社会已经意识到，共同努力推进全球化、完善多边贸易体制、构建开放型世界经济，才是应对当下困境的明智之举。在2008年国际金融危机之后，除加强金融监管外，构建区域贸易组织、达成优惠贸易协定，以出口促进经济复苏和发展，是美国总统奥巴马的重要政治举措，同时也是亚太地区、美洲地区乃至欧洲地区试图复苏经济的重要手段。仅2008年至2011年，共有578份贸易协定签订和实施。① 美国总统特朗普上台后，退出了奥巴马主导的跨太平洋伙伴关系协定（Trans-Pacific Partnership Agreement，TPP），甚至扬言退出世界贸易组织（World Trade Organization，WTO），英国也退出欧盟，掀起了短时期的“逆全球化”浪潮。但是，全球化依旧是大多数国家努力的方向，开放型的世界经济发展趋势仍然不会改变。比如，日本、新加坡等国在积极推动TPP的同时，也有意邀请中国加入，以扩大贸易协定的地理覆盖范围。此外，日本和俄罗斯肯定了中国的“一带一路”倡议，认为该倡议具有国际合作的巨大潜力。因此，本书研究双边和多边贸易协定框架下，贸易政策不确定性对贸易利益个体分配的影响，具

---

① 资料来源：https：//doi. org/hdl：10411.

有重要的理论和现实意义。

本书的理论意义主要有两点。第一，将贸易政策不确定性的影响研究拓展到需求侧。虽然从度量方式到经济影响，贸易政策不确定性的研究已经颇为丰富，但是现有文献侧重于分析其对供给侧的影响。本书探讨贸易政策不确定性对消费者个体贸易利益的影响，将贸易政策不确定性的经济影响研究拓展到需求侧，对丰富贸易政策不确定性的影响研究具有重要的意义。第二，构建更一般的、符合实际的理论模型。现有文献在分析贸易利益时大多假设代表性消费者，该假设一方面与现实相差较大，另一方面必然导致贸易利益个体分配的测量误差。本书构建了生产者和消费者双重异质性理论模型，并引入贸易政策不确定性，为今后相关理论和经验研究提供了参考。

本书的现实意义主要有两点。第一，采用中国数据进行经验验证。自加入 WTO 以来，中国经济贸易取得了长足的发展，人民生活得到了极大的改善，中国式的发展备受瞩目。本书在理论建模的基础上，以中国“入世”为准自然实验，以中国消费者为研究对象，进行经验研究，这将为世界发展提供丰富的发展中大国经验。第二，根据理论和经验研究结论，提出不确定性时代的贸易政策。本书研究优惠贸易协定框架下，贸易政策不确定性下降为消费者带来的福利，既能够为中国发展更高层次的开放型经济、应对全球不确定性冲击提供微观理论依据，也能够为国际社会响应中国号召，共同努力推进全球化、完善多边贸易体制、发展创新包容的开放型世界经济提供理论和经验支撑。此外，本书研究贸易政策不确定性对消费者个体贸易利益分配的影响，将为改善全球化导致的国内贸易利益分配不平等问题提供一定的思路，以更好地促进平衡发展，这是党的十九大提出的“坚持以人民为中心的发展思想”的内在要求。

二　研究内容

本书除前言和结论外，还包括六章。具体内容如下：

第一章是文献述评，系统梳理了四大类文献。第一类是贸易政策不确定性的定义；第二类是贸易政策不确定性度量方式，按照研究的演化过程，归纳国内外相关研究；第三类是贸易政策不确定性的经济影响，从宏观层面、中观层面和微观层面归纳相关的理论和经验研究；第四类是消费者异质性和贸易利益个体分配相关文献，整理了已有文献对消费者异质性的建模，并归纳总结了贸易影响个体分配的途径，以及消费者个体贸易利益的估计和测算方法。

第二章是不确定性、优惠贸易协定和贸易利益分配的特征事实。第一，探究不确定性的来源，揭露不确定性的表现，归纳并总结不确定性的特征；第二，整理总结优惠贸易协定发展趋势；第三，整理全球化背景下的国际和经济体内的贸易利益分配不平等现状。

第三章分析了基于两国情形的理论模型。首先对企业异质性和消费者异质性进行建模，分析消费者异质性框架下企业产品价格和利润与代表性消费者框架下的差异。其次对贸易政策不确定性进行建模，将贸易政策不确定性体现在企业生产成本的变化上，并在一般均衡中，分析贸易政策不确定性对消费者个体贸易利益及分配的影响。最后，根据理论模型推导出消除贸易政策不确定性及其影响的贸易政策和产业政策。

第四章分析了基于多国情形的理论模型。将第三章的两国情形拓展到多国情形，同时分析出口国竞争效应和进口国竞争效应对消费者个体贸易利益及分配的影响，并结合理论推导，比较贸易政策和产业政策的实用性。

第五章是经验研究：基于中国“入世”的准自然实验。本章首先在第三章的理论基础上验证不确定性和实际关税对消费者贸易利益的影响及其分配效应。其次，对消费者价格指数进行分解，横向分解为国内品价格指数和进口品价格指数，纵向分解为种类效应和价格效应，以探究不确定性影响消费者个体贸易利益分配的机制。最后，在第四章的理论基础上，引入出口国竞争效应和进口国竞争效应，探讨在第三国存在的情况下，出口国间贸易政策不确定性和关税竞争、进口国间贸易政策不确定性和关税竞争对消费者个体贸易利益及其分配的影响。

第六章反事实模拟：双边和多边 TPU 的消除。探究双边和多边贸易政策不确定性完全消除后，中国消费者个体的贸易利益及分配情况。本章首先对反事实模拟方法进行了详细的说明，然后分别模拟了双边情形下中美贸易政策不确定性完全消除、多边情形下相对贸易政策不确定性完全消除后，中国消费者个体贸易利益及分配结果。

三　创新与不足

本书主要有三点创新。首先，本书构建异质性消费者模型，研究贸易政策不确定性对消费者个体贸易利益的影响，将贸易政策不确定性的影响研究从供给侧拓展到需求侧，这将进一步丰富贸易政策不确定性和贸易利益的理论研究。其次，本书在理论模型的基础上，将消费者个体的价格指数横向分解为国内品价格指数和进口品价格指数，纵向分解为基于种类效应的价格指数和基于价格效应的价格指数，并进行实证检验，从理论和经验研究角度丰富了贸易政策不确定性影响的机制研究。最后，本书构建了企业和消费者双异质性模型，从理论和经验层面证实了开放型世界经济是应对不确定性冲击的重要贸易政策，为开放型世界经济提供了理论和经验支撑。

本书在以下几个方面还存在不足，有待于进一步的研究拓展。第一，不确定性的度量不够全面。本书在构建理论模型时假设关税是不确定性的唯一来源，虽然简化了问题，使模型推导能够实现一般均衡分析，但是忽略了其他的不确定性来源。第二，效用函数假设与现实相差甚远。本书选择的是 CES 效用函数，虽然假设消费者的替代弹性不同，但是同一消费者对不同产品的替代弹性是一样的。这种假设使本书的理论推导能够顺利进行，但是与现实情况相去甚远。值得一提的是，现阶段，学术界并未解决 AIDS 等与现实较为相符的非位似效用函数的消费加总问题。如何在与现实更加相符的效用函数下，构建贸易政策不确定性影响消费者个体贸易利益及分配的理论模型，值得深入挖掘。第三，理论模型未考虑中间品进口。中间品进口在中国贸易中占有重要比重，因此从理论层面探讨贸易政策不确定性如何通过中间品进口影响贸易利益的个体分配，能够丰富贸易政策不确定性影响贸易利益个体分配的理论机制。

第一章

文献述评

本章的文献述评主要是围绕四个方面展开：一是梳理贸易政策不确定性的含义；二是归纳总结贸易政策不确定性的度量；三是简要回顾贸易政策不确定性的经济影响；四是梳理消费者异质性和贸易利益个体分配相关文献；五是对现有文献研究进行简要的评述。对文献的梳理和总结，为本书的理论模型构建和经验研究提供借鉴。

第一节　贸易政策不确定性定义

一　不确定性定义

人类社会的进步，既有永恒的变化属性，比如科技的进步、人口的增长和资本的积累，又有未知规律的变化属性，比如冲突、战争和自然灾害。变化是不确定性存在的先决条件，但已知规律的变化，并不是不确定性来源。Knight（1921）从信息和投资角度给出了不确定性的来源。Knight 认为，在确定性条件下，除了已知信息和企业投资后可获得的信息外，还存在第三类信息，即企业目前没有掌握，但是观望一段时间后，便可以获得的信息，这类信息是不确定性的来源，可以通过延迟投资来避免。进一步地，Knight 从统计概率角度指出了不确定性的概念，与风险事件结果的概率分布已知的情况不同，不确定性条件下的事件结果概率分布完全未知，只能通过主观臆断，因而不能通过保险或类似手段排除。Alchian（1950）认为，在不确定的条件下，每个可能被选择的行动是潜在结果的概率分布，而不是唯一的结果。不确定性意味着这些潜在结果的概率分布是重叠的。Helpman 和 Razin（1978）从行为角度给出了不确定性的定义：人们尽管对未来状况有主观的概率信念，但不完全知道未来事件发展。他们认为，在确定的世界中，许多情况下任何行为都隐含着独特的结果，因此结果决定了唯一的行为选择；在不确定条件下，不确定性得到解决之前采取的任何行动并不能唯一地确定结果。虽然从不同角度给出的不确定性定义不同，但是中心思想是一致的：虽然目前未知，但观望一段时间后是已知的。

以当前经济发展为例，虽然人们对未来经济走向有主观的信念，但是人们并不完全清楚未来经济状况及发展趋势。只有在观望一段时间后，人们才能给出“经济下行”“经济上行”“经济疲软”等结论。这种不确定性也被称为“经济不确定性”。对于企业而言，贸易政策也存在不确定性：当前贸易政策是否会持续？是否会有新的贸易政策？这些并不是投资后可获得的信息，而是观望一段时间后才能获得的信息。经济不确定性往往是贸易政策不确定性产生的原因。自 2008 年国际金融危机后，全球经济复苏时间不断延展，使市场对未来经济“可能”面临衰退的担忧不断增加。显然，全球经济的前景是不确定的。为应对这种不确定性，各国政府必须采取一系列经济政策，包括贸易政策。在一系列经济政策刺激下，经济发展会做出反应，而针对经济发展的新反应，各国政府又会采取新的经济政策。但是，在新的经济政策确定之前，企业即使投资也无法获得政策的完全信息，即经济政策或贸易政策都是不确定的。由此可见，经济不确定性是经济政策或贸易政策不确定性产生的原因之一。

二　不确定性与贸易政策选择

为应对不确定性，政府应该如何选择贸易政策？早期文献进行了一系列的理论和经验研究，而且这些文献提出的政策都确实存在于贸易历史长河中。Anderson 和 Young（1982）提出了关税配额，以应对国内外供给和需求的不确定性；Cooper 和 Riezman（1989）提出，在不确定性环境中，出口补贴能够调节企业行为，从而减少不确定性影响；Arvan（1991）发现，企业数量较少的国家倾向于采用税收补贴，而企业数量较多的国家倾向于在不确定性风险消退后再采取行动；Qiu（1995）认为，当面临需求的不确定性时，应该采取非线性政策。这些从不确定性不同角度展开的研究，为近期的不确定性与贸易政策选择研究提供了理论和经验基础。

近年来，以 Handley 和 Limão 为代表的学者提出，优惠贸易协定是应对不确定性的重要贸易政策。从 WTO、欧共体、TPP 和区域全面经济伙伴关系（Regional Comprehensive Economic Partnership，RCEP）等多边贸易协定，再到双边贸易协定，经验研究都表明优惠贸易协定会降低贸易政策不确定性。Lakatos 和 Nilsson（2016）甚至提出，在优惠贸易协定生效之前，贸易政策不确定性就已经下降。这一经验发现，丰富了人们对优惠贸易协定影响贸易机制的认识。基于这一发现，本书在第二章不仅梳理了不确定性和贸易利益分配不平等的特征事实，还整理了优惠贸易协定的发展趋势。而且，本书的理论模型和经验研究均基于优惠贸易协定框架。

第二节 贸易政策不确定性的度量

不确定性是从经济主体的角度来看不可预测的条件波动（Jurado et al.，2015）。贸易政策不确定性（Trade Policy Uncertainty，TPU）是一个抽象的概念，如何对其进行度量，是所有理论和经验研究的起点和重点。由于现实中并不存在客观的不确定性度量，所以识别和测量政策不确定性是一个难点（Rodrik，1991）。到目前为止，实证文献主要依赖不确定性的代理变量或不确定性指标，比如股票市场回报的波动性。学术界对经济不确定性的度量，为贸易政策不确定性的度量提供了参考。与 Bloom 等（2007）用股票市场波动衡量经济不确定性的方法相似，Sudsawasd 和 Moore（2006）用贸易政策指标的波动衡量 TPU，但是此种方法可操作性低，因而没有被广泛引用。在 Baker 等（2016）构建的经济政策不确定性指数基础上，Handley 和 Limão（2017a）构建的基于新闻的贸易政策不确定性指数得到普遍认可。随着研究的深入，贸易政策不确定性涵盖的政策指标范围逐渐缩小。在 Handley（2014）之后，贸易政策不确定性更多体现的是关税政策的不确定性。比如，Handley 和 Limão（2017b）基于引力模型，构建了关税度量法，其他学者在此基础上进行了改善，直接用关税的差额表示。

一　不确定性指数

Baker 等（2012，2016）根据新闻报道的频率来构建与经济政策相关的不确定性指标，Handley 和 Limão（2017a）采用同样的方法构建了贸易政策不确定性指数：

贸易政策不确定性频数 X_{it} 表示报纸或新闻网站 i 在 t 时期同时提及"不确定性""政策""贸易"等关键词的文章篇数。选定标准化的时间间隔 T_1，通过时间序列方差 σ_i^2 剔除 X_{it} 在 T_1 间隔内的异常波动，得到 T_1 间隔内标准化之后的贸易政策不确定性频数 $Y_{it}=X_{it}/\sigma_i^2$，以及 t 时期内 Y_{it} 的平均值为 Z_t。进一步地，选定规范化的时间间隔 T_2，计算得到 Z_t 在 T_2 间隔内的平均值 M。这一步将贸易政策不确定性频数限制在一定的范围内，以防止计算得到的数据不在同一数量级。最后，$TPU=Z_t\times\dfrac{100}{M}$ 则是基于新闻报道计算的贸易政策不确定性指数。

这种测度方法对政策不确定性内涵的覆盖面广，通过更换关键词，能够度量经济、贸易、投资等多方面的政策不确定性。国外学者采用此种方法对政策的不确定性进行了测度。比如，Gulen 和 Ion（2016）、Brogaard 和 Detzel（2015）分别分析了经济政策不确定性对企业投资和股权风险溢价的影响。而 Baker 等（2016）检验了根据此方法所测算的政策不确定性与宏观波动之间的契合度，并发现，在重要宏观事件发生后，政策不确定性指数达到峰值，即不确定性指数与宏观波动是高度契合的。此外，基于此种方法，Handley 和 Limão（2017a）测度了 TPU 的变化趋势，并发现特朗普被提名及当选美国总统后，美国 TPU 骤然上升。Shepotylo 和 Stuckatz（2017）分别以乌克兰加入欧盟（European Union，EU），以及加入俄罗斯、白俄罗斯与哈萨克斯坦组成的关税同盟（Customs Union，CU）为假设前提，采用类似的方法度量两种情况下的 TPU。但是，这种方法也存在弊端：其一，报纸、新闻网站和关键词的选取，具有一定的主观性，导致测量的不确定性可能存在较大的偏误；其二，此种测度方法工作量大，为了保证数据的完整性，需要多重复查检索；其三，由于报纸和新闻网站之间往往存在一稿多发，如果无法剔除重复样本，将会高估 TPU；其四，这种方式未能涵盖关税和非关税壁垒政策的不确定性，致使度量结果具有片面性。

二 关税测量法

在近期的理论和经验研究中，关税测量法最为普遍，也最易操作。这类文献假设关税是贸易政策不确定性的唯一潜在根源，以某个国家加入多边贸易组织，或者某两个国家签订双边贸易协定的历史事实为背景，分析事件发生前后 TPU 的变化对贸易的影响，从而得到贸易政策不确定性的度量方式。总体而言，可分为两类：一类是以 Handley 和 Limão（2017b）为代表，从理论模型推导中给出的度量方式；另一类是以 Groppo 和 Piermartini（2014）为代表，从理论和经验研究角度给出的差分法。①

（一）理论基础

在美国给予中国临时性最惠国待遇的历史背景下，Handley 和

---

① 关税度量法是从理论推导中得到的，差分法是在理论推导的基础上进行的简化度量。由于这种度量方法最后的计算公式中只包含关税信息，因此本书将其命名为“关税度量法”。

Limão（2017b）认为，虽然中国在1980年获得了暂时的最惠国待遇，但一直面临着失去最惠国待遇的威胁，直到2001年，中国以加入WTO的方式获得了永久性最惠国待遇，结束了美国的高关税威胁，中国出口企业面临的贸易政策不确定性逐渐下降。基于异质性企业模型和垄断竞争的市场结构，Handley和Limão（2017b）分别推导出美国对中国实施最惠国关税（The Most Favoured Nation Rate of Duty，MFN）和斯穆特—霍利关税（Smoot-Hawley，SH）的行业收益，并通过一阶差分，得到度量方式$TPU=1-\frac{\tau_{MFN}^{\sigma}}{\tau_{SH}^{\sigma}}$，$\sigma$是进口替代弹性。[①] 与Handley和Limão（2017b）不同，Handley（2014）认为，即使是在WTO的框架下，贸易政策仍然存在不确定性，WTO的约束关税（Bound Tariff，BT）和最惠国关税之间的差额，给出口企业面临的真实关税增加了不确定性，并分别推导出约束关税和最惠国关税下的行业收益，通过一阶差分，得到度量方式$TPU=1-\frac{\tau_{MFN}^{\sigma}}{\tau_{BT}^{\sigma}}$。

根据WTO规则，成员方的应用关税不得高于约束关税，但是WTO成员中超过30%的约束税目可以单方面提高而无须给受影响的贸易伙伴提供补偿（Bchir et al.，2006）。在这种情况下，如果继续采用Handley（2014）对TPU的度量方式，便会低估双方之间的TPU。事实上，正是意识到WTO对关税约束能力的不足，越来越多的国家（地区）之间签订了其他多边或双边贸易协定，承诺为协定国提供优惠关税（Preferential Tariffs，PT）。Handley和Limão（2015）认为，优惠贸易协定（Preferential Trade Agreement，PTA）提高了协定国之间的贸易政策诚信度，并采用与Handley和Limão（2017b）、Handley（2014）类似的方法，推导优惠关税和最惠国国关税下行业收益，得到度量方式$TPU=\frac{1-\tau_{PT}^{\sigma}/\tau_{MFN}^{\sigma}}{\sigma-1}$。

① 如果失去临时的最惠国待遇，美国将对中国实行斯穆特—霍利关税。

（二）差分法

虽然理论推导得到的三种贸易政策不确定性度量方式存在一定的差异，但是有异曲同工之处。结合文献研究的背景，不难发现：TPU 是当前应用关税逆转为关税上限的可能性。在 Handley 和 Limão（2017b）研究中，当前应用关税是最惠国关税，关税上限是斯穆特—霍利关税；在 Handley（2014）研究中，当前应用关税是最惠国关税，关税上限是 WTO 约束关税；在 Handle 和 Limão（2015）研究中，当前应用关税是优惠关税，关税上限是最惠国关税。Groppo 和 Piermartini（2014）、Feng（2017）、Osnago 等（2015）以及钱学锋和龚联梅（2017）对 TPU 的度量便是基于上述发现的，但不同的是，Groppo 等直接用当前应用关税和关税上限之间的差额来度量。龚联梅和钱学锋（2018）认为，四篇文献中 TPU 的度量可简化为：

$$TPU = \begin{cases} \tau_{BT} - \tau_{MFN} & \text{WTO 成员方} \\ \max(\tau_{PT} - \tau_{MFN},\ 0) & \text{签订双边或多边优惠贸易协定} \end{cases} \tag{1-1}$$

Pierce 和 Schott（2016）在研究美国给予中国的永久正常贸易关系（Permanent Normal Trade Relations，PNTR）对美国制造业就业率的影响时，认为 PNTR 关税和非 PNTR 关税之间的差额反映了贸易政策的不确定性，这与式（1－1）中度量方式是一致的。[①] 在分析 TPU 与供应链之间的关系时，Schott 等（2017）也采用了此度量方法。Alberto 等（2015）还发现，WTO 成员的部分商品没有约束上限的关税，对于此类商品，其将实际关税的 3 倍作为约束上限，将约束上限与实际关税的差额作为 TPU。[②]

比较理论推导得到的度量方式和差分法，可以发现：一方面，在 Handley 和 Limão 推导出的 TPU 度量方式中，当前应用关税和关

① 2000 年美国国会通过给予中国永久性正常贸易关系待遇的提案，即 PNTR（Permanent Normal Trade Relationship）。

② 该做法与 WTO 的峰值关税定义一致。

税上限取不同的值，可能得到相同的不确定性程度，存在高估或低估 TPU 的可能；另一方面，Groppo 等的差分法，仅考虑了关税逆转的幅度，未考虑关税逆转的可能性，但是包含了 WTO 框架和优惠关税协定，更具有一般性。

第三节 贸易政策不确定性的经济影响

不确定性与经济是相互影响的，互为因果。一方面，在经济衰退期，引发经济衰退的外生冲击会直接增加不确定性，而经济衰退的市场情绪又导致不确定性内生性的急剧上升（Bloom，2014）。无论是战争和恐怖袭击等外生冲击，还是金融危机引发的经济衰退等内生冲击，都会导致不确定性的骤增。另一方面，贸易政策不确定性又是经济动荡的重要来源，是经济下行的重要原因（Bloom，2009）。大萧条甚至都可能是不确定性与金融冲击之间相互作用的一种严重表现（Caldara et al.，2016）。极度的不确定性，对人类社会持续健康发展，尤其是世界经济的发展带来了巨大的冲击。贸易政策不确定性经济影响研究的发展主要体现在三个方面。第一，贸易政策不确定性的影响研究不断扩大。学术界以贸易政策不确定性对贸易的影响为出发点，着重分析其对贸易二元边际的影响（Greenland et al.，2014；Osnago et al.，2015）。在此基础上，部分学者分析了贸易政策不确定性对微观产品（价格和质量）的影响（Feng et al.，2017）。而贸易政策不确定性对宏观经济指标的影响，包括生产率、就业率和移民率等，也逐渐成为学术界研究的重点（Pierce and Schott，2016；Facchini et al.，2019；Handley et al.，2020）。第二，经验研究模型中的贸易政策不确定性从一维发展到三维。Handley（2014）仅仅分析了一维的贸易政策不确定性，即出口国企业面临的进口国贸易政策的不确定性。但是，Handley 等（2020）发现，外国 TPU、最终产品 TPU 和中间产品 TPU 会同时发生作用，将贸易政策不确定性从一维拓展到三维。第三，研究框架从多边贸易协定扩展到双边贸易协定。Handley（2014）分析了 WTO 框架下，贸易政策不确定性的影响。基于此，Handley 和 Limão（2015）将视角转向欧共体（欧盟的前身）。随着经验研究的深入，越来越多的学者发现，与多边贸易协定相似，在双边贸易协定下，贸易政策不确定性也会发挥作用（Osnago et al.，2015；钱学锋、龚联梅，2017；Facchini et al.，2019）。

一　宏观影响

（一）贸易政策不确定性与贸易

对优惠贸易协定的研究，大多集中分析关税的下降以及非关税壁垒的减少对贸易的影响（Limão，2016）。以 Handley 和 Limão 为首的学者，从贸易政策不确定性的角度分析优惠贸易协定的影响，剖析了优惠贸易协定更深层次影响贸易的机制。Handley（2014）发现，WTO 框架下的约束关税，有助于降低最惠国关税上升的可能性，从而降低 TPU，促进贸易，但是 WTO 并没有完全消除 TPU。Groppo 和 Piermartini（2014）对 1996—2011 年 WTO 成员的研究发现，即使在约束关税高于最惠国税率的情况下，加入 WTO 也大大降低了实际应用关税增长的可能性，而且 WTO 的监测职能也会减少 TPU，从而促进贸易。以中国加入 WTO 为背景，Handley 和 Limão（2017b）研究了 WTO 对中国出口企业面临的 TPU 的影响，结果发现，中国“入世”降低了美国对中国贸易战的威胁，可靠的优惠贸易协定有助于降低 TPU，促进贸易繁荣，中国出口企业面临的 TPU 减少，解释了中国对美国出口增长的22%。与其他文献不同，Handley 等（2020）发现，加入 WTO 降低了三种维度的 TPU，即中间品 TPU、最终产品 TPU 和外国 TPU，从而促进了中国贸易增长。

除了 WTO 外，其他的多边和双边贸易协定也能降低贸易政策不确定性，并促进贸易。Handley 和 Limão（2015）对葡萄牙加入欧共体的研究表明，优惠贸易协定能降低甚至消除 TPU，这种不确定性的减少和消除解释了87%的出口增长。[①] 如果加入欧共体只降低了关税而没有降低TPU，葡萄牙只能获得不足30%的出口增长。通过对美国和古巴贸易的经验研究，Limão和Maggi（2015）发现，随着世界经济的一体化，相对于减少贸易壁垒水平所带来的贸易收益，TPU下降所带来的收益更加重要，当贸易环境更加不确定时，政府可以通过优惠贸易协定获得更多收益。Osnago等（2015）对149个国家的研究发现，平均而言，贸易政策不确定性下降1%，出口的产品种类数将增长12%，贸易政策不确定性的存在相当于关税增加1.7%—8.7%。钱学锋、龚联梅（2017）以RCEP宗旨和已达成的TPP协定为依据，采用反事实模拟研究法发现，如果中国加入TPP和RCEP，中国出口企业面临的TPU会大幅度下降，中国制造业出口增长率将分别增加3.86%和16.28%。Ritzel等（2017）对孟加拉国的分析发现，如果TPU没有下降，其纺织品和服装出口将下降29%。Carballo等（2018）对2003—2011年美国出口数据的分析发现，在优惠贸易协定下，美国出口将增加6.5%。

（二）贸易政策不确定性与投资

由于投资者需要支付大笔溢价来对冲“未暗示具体波动”的不确定性冲击，所以不确定性会增加投资成本（Rodrik，1991）。当不确定性较高时，投资成本高于预期收益，企业减少或终止投资；当不确定性较低时，投资成本低于预期收益，企业增加或者开始投资（Abel and Eberly，Dixit and Pindyck，1994；Bloom et al.，2007）。政府政策不确定性带来的投资成本，甚至与高税收一样严重（Croce et al.，2002）。大量的经验研究证实了贸易政策不确定性对投资的抑制效应。比如，Sudsawasd和Moore（2006）采用1960—2000年上百个国家的面板数据分析发现，TPU与投资占人均GDP比重之间是负相关的，TPU越高，一国投资占GDP比重越低，这与TPU减少企业投资的理论分析是一致的。通过对2003—2013年乌克兰贸易和

---

① 葡萄牙于1986年加入欧共体，1993年欧共体更名为欧盟。

FDI 数据的分析，Shepotylo 和 Stuckatz（2017）发现，如果乌克兰加入 EU 或 CU 中，乌克兰企业面临的 TPU 将下降，这会使 EU 对乌克兰的投资增加；相反，如果乌克兰与 CU 签订优惠贸易协定，乌克兰面临的来自 CU 的 TPU 将下降，这会使 EU 对乌克兰的投资减少。Jens（2017）甚至发现，在政府选举过程中，由于政府未来贸易政策的不确定性，投资至少下降 5%。Caldara 等（2020）从理论和实证角度证实了贸易政策不确定性会抑制商业投资。

贸易政策不确定性对投资的影响具有国家异质性，与美国和其他发达国家相比，新兴经济体在不确定性冲击后遭受的投资下降情况更严重，且需要更长时间才能恢复（Swallow and Céspedes，2013）。此外，贸易政策不确定性对投资的抑制作用具有国际溢出效应。Colombo（2013）以美国总体经济政策不确定性和欧洲投资产出为例，Arbatli 等（2017）以全球总体经济政策不确定性和日本的投资产出为例，均证实了这一点。

（三）贸易政策不确定性与社会福利

目前，贸易政策不确定性对福利的影响研究主要是从成本角度来进行分析的，并体现在宏观层面。Schott 等（2017）采用 1992—2011 年中美贸易数据，分析了贸易政策不确定性对供应链采购模式及社会福利的影响。Schott 等将国际采购方式分为美式采购和日式采购，前者的特点是交易量大、订单不频繁，后者的特点则相反。[①] 其主要发现是，当 TPU 较高时，由于担心未来发生贸易战，买家会选择美式采购，承担较高的采购成本，从而降低了社会福利；当 TPU 较低时，买家对贸易战的担心减少，会选择日式采购，这种采购方式会降低采购成本，从而增加社会福利。Steinberg（2017）以英国“脱欧”为背景，分析了 TPU 的上升对英国社会福利的影响，但是

① 在日式采购中，买方通过以高于卖方成本的价格承诺长期采购来激励卖方保持产品质量；在美式采购中，买方通过竞争性招标为每个订单选择成本最低的卖方，并使用严格的检查来防止卖方出货质量低。

却发现，由此造成的社会福利损失，仅相当于消费成本上升0.001%。虽然在Steinberg（2017）的研究结论中，TPU对社会福利的影响甚微，但是这并不能说明TPU不值得研究。Limão（2016）强调，越来越多的理论和经验研究都表明，TPU的影响不容忽视，但是，目前学术界对TPU的研究是不足的，需要越来越多的学者投入TPU的研究中。

（四）贸易政策不确定性与其他宏观经济活动

贸易政策不确定性的影响还波及其他宏观经济指标，比如就业率和移民率。Pierce和Schott（2016）对中美贸易关系的研究发现，2000年美国给予中国PNTR，降低了中美之间的TPU，但是也降低了美国的就业率。同时，Pierce和Schott（2016）还发现，欧盟早在1980年便给予中国PNTR，在2000年之后，中国与欧盟之间的TPU并没有发生变化，因而没有造成欧盟就业率的大幅下滑（不包括2007年之后）。Baker等（2016）还发现，包括贸易政策在内的经济政策不确定性减少了国防、医疗保健、金融和基础设施建设等部门的就业率。Arbatli等（2017）对日本的研究，也证实了贸易政策不确定性对就业率的抑制效果。Facchini等（2019）发现，当面临TPU下降时，美国各州内部的移民率大幅度增加，平均达到18%。上述发现，与Baker等（2016）、Brogaard和Detzel（2015）的研究结论具有相似性。他们对欧美经济政策不确定性影响的研究也发现，经济政策不确定性的增加，抑制了欧美就业率的增长。可见，贸易政策不确定性对宏观经济指标的影响与经济政策不确定性是一致的。

TPU对宏观经济的影响还体现在促进经济复苏方面。Carballo等（2018）尝试将经济不确定性和贸易政策不确定性结合起来，分析它们对世界经济复苏的影响，并发现，在2008年国际金融危机之后，经济不确定性和贸易政策不确定性都抑制了贸易的增长，但是在优惠贸易协定下，TPU的下降削减了经济不确定性的消极作用，加速了经济复苏。

更重要的是，政策不确定性会削弱宏观政策的效力。政府倾向于在经济疲软时改变其政策，有效地为市场提供保护，然而，这种隐性保护的价值因不确定性而降低（Pástor and Veronesi，2012）。整体经济不确定性会影响政府宏观政策的实施，削弱宏观政策的效力。政策不确定性是整体不确定性的构成部分，会增加经济的不确定性，从而进一步恶化宏观政策的效力。

二　中观影响

（一）贸易政策不确定性与行业出口二元边际

从行业层面对贸易进行二元分解，不仅能够反映贸易增长的来源，还能为一国贸易发展策略提供参考。目前，贸易政策不确定性对集约边际（平均金额）和扩展边际（产品种类数）的影响，并没有较为一致的结论，基于不同的样本或者研究方法，得到的结论也不同。比如，Greenland 等（2014）、Carballo 等（2018）、邓小华和陈慧玥（2021）发现，TPU 的增加会导致扩展边际的下降，其对集约边际的影响不显著；Alberto 等（2015）、钱学锋和龚联梅（2017）发现，TPU 的下降将带来集约边际增长率的上升，其对扩展边际的影响不显著；Handley 等（2020）、Shepotylo 和 Stuckatz（2017）指出，TPU 的下降同时促进了集约边际和扩展边际的增长。

（二）贸易政策不确定性与行业生产率

不同角度的贸易政策不确定性对生产率的影响不一样。比如，江秋怡（2019）构建理论模型，并利用 2001 年至 2006 年中国海关数据库和工业企业数据库进行实证检验，发现 TPU 的下降促进了企业生产率的提高，从而使行业生产率整体提升，而中间品进口是生产率提高的重要机制。Handley 等（2020）通过实证研究发现，中国企业进口中间品时面临的 TPU 和外国 TPU 的下降，促进了中国全要素生产率的增长；而中国出口面临的 TPU 下降，抑制了中国全要素生产率的增长。但是，魏悦羚和张洪胜（2019）以中美建立永久正常贸易关系（PNTR）为例进行实证分析，发现中国企业出口时面临的 TPU 的下降促进了中国行业生产率的提高。魏悦羚和张洪胜

（2019）与 Handley 等（2020）研究结论的差异，可能源自数据的不同或者实证方法的不同。两篇文献都缺乏理论研究基础，从理论角度剖析贸易政策不确定性对生产率的影响，是未来值得探索的方向。

三 微观影响

（一）贸易政策不确定性与企业出口行为

贸易政策不确定性影响贸易的机制分析指出，由于存在进入成本，TPU 通过企业进入和退出来影响贸易，部分学者从经验研究方面证实了这一理论机制。而且，从理论机制可以看出，TPU 对企业进入和退出行为的影响，不会因为实际关税没有发生变化而消失。Handley 和 Limão（2015）的经验研究发现，即使在实际关税没有发生变化的行业，TPU 的下降也会促进葡萄牙企业进入出口市场，并解释了 61% 的市场进入；如果 TPU 没有下降，葡萄牙只能获得 20% 的市场进入。虽然 Handley 和 Limão（2015）所阐述的市场进入是指产品的市场进入，但是这也在一定程度上反映了企业的市场进入。此外，Pierce 和 Schott（2016）指出，中美之间 TPU 的下降，使越来越多的中国企业进入美国市场，同时也使越来越多的美国企业参与到中美贸易中。由此可见，两国之间更广范围的 TPU 下降，会促进双方的企业进入出口市场。Handley 和 Limão（2017b）用 2000—2005 年中美贸易数据，证实了进入成本的存在，并且发现 TPU 的下降促进更多企业进入出口市场。Crowley 等（2018）利用 2000 年至 2009 年之间的中国海关交易，发现中国公司在其产品受到贸易政策不确定性的影响时，不太可能进入新的国外市场，而更有可能退出既有的国外市场。从三维 TPU 的角度，Handley 等（2020）发现，最终品 TPU、中间品 TPU 和外国 TPU 的下降，都会促进更多的中国企业进入出口市场。

贸易政策不确定性对企业出口行为的影响还表现出异质性，不同所有权属性、不同行业的企业，面临 TPU 的下降时，其进入和退出行为存在较大差异。Feng 等（2017）将企业分为持续出口者、退出者和新进入者，结果发现，TPU 下降后，退出者的比例下降了 76%，新进入者比例增加了 67%。TPU 的下降，影响了市场的资源配置，鼓励了更多的企业进入出口市场，同时使更少的出口企业退出出口市场。他们将企业分为民营企业、国有企业和外资企业，并发现民营企业和外资企业在面临贸易政策不确定性下降时表现得更有活力，新市场进入者主要是民营企业和外资企业，市场退出者主要是国有企业。此外，Handley 和 Limão（2017b）还发现，对于进入成本高的行业，TPU 的下降对企业进入的促进效应更显著。

（二）贸易政策不确定性与企业研发投入

郭华等（2016）发现，政策不确定性会抑制企业的研发投入。但是，李敬子和刘月（2019）却发现，贸易政策不确定性能够促进企业的研发投入。李敬子和刘月（2019）利用 2005—2007 年中国工业企业数据库全样本，发现 TPU 不仅影响出口企业的研发投入，还会影响非出口企业的研发投入。分企业所有权来看，TPU 对国有企业研发投入的激励作用更强；分行业来看，TPU 对制造业企业研发投入的激励作用更显著。虽然李敬子等也发现出口企业的研发投入受到 TPU 的影响更大，但是这并不能否认非出口企业研发投入受到的影响。而且，这进一步说明，TPU 对非出口企业的影响值得深入探讨。李敬子和刘月（2019）的结论与毛其淋和许家云（2018）的结论相辅相成，企业研发投入的增加，意味着企业储蓄率会下降。毛其淋和许家云（2018）以中国加入 WTO 为准自然实验，发现中美之间 TPU 的下降刺激了企业投资，从而降低了企业储蓄率。

（三）贸易政策不确定性与微观产品

随着贸易理论和实践的发展，学者越来越关注微观产品，从产品创新、产品质量和产品价格角度分析 TPU 的影响。整体而言，贸易政策不确定性的下降会提高出口企业的产品质量、降低出口企业的产品价格、增加出口企业的产品创新、提高进口产品质量（佟家栋和李胜旗，2015；Feng et al.，2017；毛其淋，2020；谢杰等，2021）。

佟家栋、李胜旗（2015）研究了 TPU 与中国出口企业产品创新之间的关系，并发现 TPU 的下降促进了中国企业的产品创新，尤其是外资企业和出口市场新进入者的产品创新。同时，佟家栋、李胜旗（2015）还指出，TPU 的影响具有滞后效应，在 TPU 下降之后，中国出口企业的创新能力不断增强。

以中国“入世”为自然实验，苏理梅等（2016）从扩展边际和集约边际的角度，估计了 TPU 的下降对中国出口产品质量的影响，结果显示：企业出口产品时面临的 TPU 下降幅度越大，其出口产品的质量就越低；TPU 的下降对出口产品质量的影响，主要是通过扩展边际实现的，即出口市场的新进入者出口低质量的产品；在出口市场持续存在的企业，并没有针对 TPU 的下降，来调整出口产品的质量。然而，Feng 等（2017）的研究结论与苏理梅等（2016）截然相反。Feng 等（2017）对 2000—2006 年中美 TPU 与产品质量的研究发现，因 TPU 的下降而进入市场的新企业，其产品质量高，尤其是面临的不确定性大大下降的出口产品，其质量更高。Berlingieri 等（2017）以欧盟在 1993—2013 年签订实施的贸易协定为背景，研究发现，贸易政策不确定性的下降，使样本期间的产品质量上升了 7%。孙林和周科选（2020）以中国—东盟自由贸易区（China-ASEAN Free Trade Area，CAFTA）为例，发现区域贸易政策不确定性的下降促进了中国企业产品质量的提升：分企业所有权来看，外资企业的产品质量提升效果最显著；分地区来看，中国东部地区企业的产品质量提升效果最显著；分行业来看，劳动密集型和资本密集型企业的产品质量提升效果更显著。Imbruno（2019）首次从进口角度分析了贸易政策不确定性对产品质量的影响，并发现贸易政策不确定性的下降显著提高了中国进口的产品质量。

Feng 等（2017）研究贸易政策不确定性与出口产品价格之间的关系后发现，TPU 下降幅度越大，中国出口产品价格越低。考虑到企业出口行为动态变化后，Feng 等还发现新进入者的产品价格要比退出者低。Handley 和 Limão（2017b）发现，中美之间 TPU 的减少，带来的出口产品价格下降幅度，与降低8%的关税所产生的影响是等价的。

第四节　消费者异质性与个体贸易利益

贸易利益是国际贸易研究的三大核心问题之一。国际贸易领域的经典文献在构建理论模型、分析贸易利益时往往假设代表性消费者，比如Krugman（1979）、Melitz（2003）。然而，在估计贸易利益时，由于代表性消费者的假设条件下，所有消费者面临的价格指数相同，这必然导致贸易利益个体分配的测量误差（Porto，2006；Nigai，2016）。因此，学术界普遍认为，估计贸易利益的个体分配，必须考虑消费者的异质性。本节整理了已有文献对消费者异质性的建模，归纳总结了贸易影响个体分配的机制，并整理了消费者个体贸易利益的估计和测算方法，从而为第三章和第四章的理论分析提供理论基础，为第五章和第六章的实证分析提供借鉴。

一　消费者异质性

在构建理论模型时，现有文献主要从消费模式偏好和产品质量偏好两个层面来分析消费者异质性。消费者的消费结构异质性意味着，为了保持消费者自身效用水平不变，产品价格的变化会转化为消费者支出水平的变化，支出减少表示福利水平增加；反之福利水平降低，根据支出水平变化幅度可以分析贸易利益的个体分配效应（施炳展和张夏，2017）。近乎理想的需求系统（Almost Ideal Demand System，AIDS）、斯通—吉尔里（Stone-Geary）函数和相对不变收入弹性（Constant Relative Income Elasticity，CIRE）函数，这三种非位似偏好效用函数虽然都能实现对消费模式偏好的建模，但都有同样的弊端，即无法实现消费加总，进而无法进行一般均衡分析（钱学锋和李莹，2018）。对于消费者的产品质量偏好，很少有文献在分析贸易利益个体分配时考虑这一点，因为产品质量是外生的，贸易并不是通过影响产品质量从而影响个体利益分配的，而是通过消费者的产品质量选择来影响贸易利益分配的差异化。由于消费者的产品质量偏好不同，在生产侧的局部均衡中，企业会内生地选择产品质量。当贸易自由化程度加深，贸易壁垒减少，企业能够提高产品质量、调整产品价格，进而导致高质量产品价格的相对下降，为高收入群体带来更大的福利（Faber，2014）。

二 贸易影响消费者个体分配的机制

贸易影响消费者个体分配的机制分为收入效应和消费效应。贸易影响个体收入分配的机制主要包括外包、劳动力市场摩擦效应、质量升级、技术追赶、资本技能互补等（Feenstra and Hanson，1999；Zhu and Trefler，2005；Verhoogen，2008；Brambilla et al.，2012；Frias et al.，2012；Burstein et al.，2013）。与收入效应研究相比，消费效应的研究略微缺乏。但是，消费效应对估计贸易福利收益至关重要。比如，Broda 和 Romalis（2009）表明，在调整收入和贫困指标以考虑每个人支付的价格后，每个收入群体中的美国人的福利都比以前好得多。众所周知，高收入和低收入消费者的消费“篮子”看起来非常不同（Deaton and Muellbauer，1980）。因此，只要国际贸易影响富裕和贫穷消费者消费的商品相对价格，就会产生分配影响。例如，贸易引起的食品价格上涨对低收入消费者的负面影响更大，因为低收入消费者通常比富裕消费者拥有更大的食品支出份额。

三 消费者个体贸易利益的估计和测算

现有文献从消费角度对个体贸易利益的估计和测算可分为三类。一是基于简化式（reduced-form）效用函数的个体贸易利益估计。这类文献主要研究贸易自由化对消费者个体贸易利益的影响。Porto（2006）通过对间接效用函数求全微分，利用罗伊恒等式，进而得到关税对产品价格的传递弹性、消费者个体支出份额与消费者个体福利变化之间的关系式，通过估计关税对产品价格的传递弹性，进而得到贸易自由化对消费者个体贸易利益的影响。Porto（2015）、Casabianca（2016）、Han 等（2016）、Lederman 和 Porto（2016）和 Mccalman（2018）基于 Porto（2006）的方法进行了大量的经验研究。二是消费价格指数。这类文献以消费者支出调查数据为基础，测算不同收入水平的家户消费价格指数，从而分析贸易自由化或者政策冲击对消费者个体贸易利益的影响（Jaravel，2016；Amiti et al.，2017；Cravino and Levchenko，2017；Cravino et al.，2018；Orhun and Palazzolo，2019）。三是生活成本指数。其主要是基于对偶原理，采用等值算子来估计家户层面的消费福利差异（Blundell and Lewbel，1991）。生活成本指数能够将家户层面的人口统计学特征差异反映到消费者福利中，因而更具有一般性（Coibion et al.，2017；Ogura，2017；Rienzo，2017；Argente and Lee，2020；王备和钱学锋，2020）。

第五节 简要评述

贸易政策不确定性的度量方式、经济影响，以及消费者异质性与个体贸易利益等文献，为本书理论模型的构建以及经验研究提供了基础。但是，已有研究仍存在以下不足。

一 贸易政策不确定性对消费者个体贸易利益的具体影响有待识别

随着“逆全球化”浪潮的高涨，政治经济学家开始审慎地看待全球化及其对贸易利益个体分配的影响。理论和经验研究发现，在全球化背景下，贸易利益并没有在消费者个体间进行公平的分配，从而加深了不平衡发展问题（Obstfeld，2016）。全球化一方面意味着贸易的自由化，另一方面意味着国家之间贸易政策的可预测性，能在一定程度上降低贸易政策不确定性。现有文献以全球化为背景，分析贸易自由化对贸易利益个体分配的影响，但是忽略了全球化导致的贸易政策不确定性变化，以及这种不确定性变化对消费者个体贸易利益的影响。在全球化和“逆全球化”博弈的现实背景下，厘清贸易政策不确定性对消费者个体贸易利益的具体影响，是极其重要的。

二 贸易政策不确定性影响消费者个体贸易利益的机制有待挖掘

市场上的消费品分为进口品和国内品：进口品面临的贸易政策不确定性会直接影响消费者个体贸易利益；国内品的生产企业会进口中间品，而中间品进口面临的贸易政策不确定性会间接影响消费者个体贸易利益。进口最终品的直接效应和进口中间品的间接效应，都值得深入探讨和挖掘。更重要的是，在 2018 年 11 月 5 日首届中国国际进口博览会开幕式上，习近平主席进一步阐述了构建开放型世界经济的本质和逻辑，提出未来中国将激发进口潜力。所以，从进口角度分析贸易政策不确定性的经济影响机制，对未来中国贸易发展，甚至开放型世界经济的构建都具有重要的指导意义。

三 基于现实问题的应用研究有待进一步强化

当前世界的经贸形势风云变幻，全球化和“逆全球化”、贸易自由主义和保护主义之间的博弈不断升级，贸易摩擦甚至是贸易战时有发生，增加了世界贸易政策的不确定性。这些现实问题，为贸易政策不确定性的经验研究提供了自然实验，值得深入挖掘。比如，中美贸易摩擦，给企业投资和生产带来极大的不确定性。中美之间的贸易摩擦问题势必对消费者带来贸易利益损失，而这需要进一步的经验研究加以证实。经验是论证理论的最好方法，同时也是推动理论发展的重要基石。正是大量的经验研究发现了企业异质性，从而开启了学术界对异质性贸易理论模型的探讨。所以，强化基于现实问题的应用研究，不仅能够验证现有的理论研究结论，还能发现新的理论拓展方向。

第二章

不确定性、优惠贸易协定及贸易利益分配的特征事实

20 世纪的经济政治发展，不仅从理论上否定了“确定性”经济思想，还从实际上刺破了各个阵营的“确定性”信念幻想。随着全球化的发展、世界经济政治格局的演变和人类科技文明的进步，21 世纪不确定性表现有过之而无不及。资本主义内在矛盾被激化，全球化和“逆全球化”、贸易自由主义和保护主义之间的博弈不断升级，资源环境问题日益严重，经济发展日益疲软，全球性治理难题频出。不确定性的存在，对人类社会持续健康发展，尤其是世界经贸的发展提出了挑战。因此，探究不确定性来源，厘清不确定性表现和影响，从而提出不确定性条件下的贸易政策，显得尤为重要。

本章的主要工作包括：第一，探究不确定性的来源，揭露不确定性的表现，归纳并总结不确定性的特征；第二，从贸易份额、政策合作、不确定性程度和全球贸易协定格局等方面整理总结优惠贸易协定发展趋势，为第三章和第四章提出消除不确定性的贸易政策、第五章的经验研究和第六章的反事实模拟提供现实依据；第三，整理全球化背景下的国际和经济体内的贸易利益分配不平等现状。

第一节 不确定性的来源、表现及特征

明确不确定性的来源，既是正视不确定性存在性的第一步，也是应对不确定性的重要基础。本节从不确定性的概念出发，探究不确定性的来源，并从当前国际环境出发，揭露不确定性的表现，归纳并总结不确定性的特征。

一 不确定性的来源

Bloom（2009）认为，经济不确定性的来源包括经济和金融政策的变化、未来增长前景的分散、生产力的变动、战争、恐怖袭击和自然灾害等。Limaão（2016）则强调，即使在一定时期内没有观察到特定政策的任何波动，也并不意味着没有政策不确定性。好比“先有经济思想史，后有经济史”，在不确定性事件发生之前，必定有某种思想或信念引导，而这种思想或信念则是不确定性的根源。国际宏观环境波动和政治冲击等只是不确定性的表现形式，实际引发不确定性的是经济增长压力、贸易保护主义和霸权主义，是全人类和平、持续发展等主观信念的动摇。即使没有任何实际冲击或波动，上述三种主观信念依然存在，并会对未来人类社会的发展造成极度的不确定性障碍。

（一）经济增长压力

Bachmann 等（2013）认为，“衰退滋生了不确定性”。导致不确定性的冲击是经济衰退的驱动力，而不确定性正是对经济衰退的内生反应（Ludvigson et al.，2018）。在步入 21 世纪后，全球经济快速增长，但在 2008 年国际金融危机爆发后，全球经济呈“断崖式”下跌，部分国家和地区甚至出现负增长，经济复苏缓慢是发达经济体和新兴经济体的整体特征（见图 2－1）。一方面，虽然以中国为首的新兴经济体经济增速远高于世界其他国家，但是其增速在放缓，

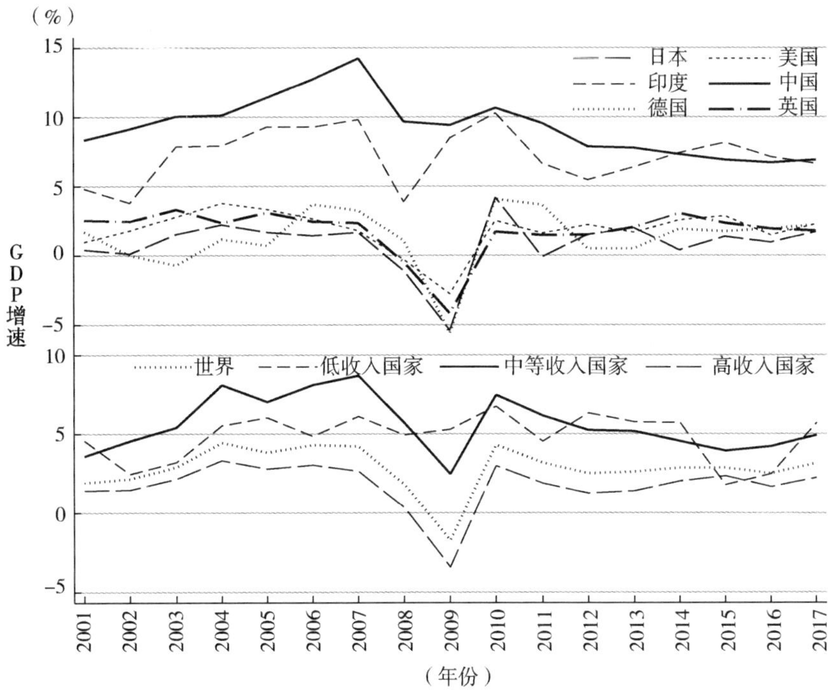

图2-1 GDP增速

注：2017年，全球GDP排名前六分别是美国、中国、日本、德国、英国和印度，其中美国、日本、德国和英国是发达国家中的典型代表，中国和印度是新兴的发展中国家代表。本书选择这6个国家计算其GDP增速，具有典型性。

资料来源：根据世界银行全球GDP数据计算得到。

增加了人们对世界宏观经济未来发展的担忧。另一方面，高收入国家的经济增长越发乏力，低收入国家经济在崛起，并展现出强大的对抗危机的能力，给予美国、英国和日本等资本主义强国极大的危机感，是不确定性的主要来源。自2000年之后，中等收入国家GDP增速略微高于低收入国家，而高收入国家GDP增速最低，甚至低于世界平均水平。从2017年开始，低收入国家经济增速有反超中等收入国家的趋势。此外，高收入国家在2008年国际金融危机中受到的冲击远大于中低收入国家，美国、日本、英国和德国等发达国家受到的冲击远大于中国和印度等新兴的发展中国家，高收入国家抵抗危机的能力远不及中低收入国家。从20世纪两次世界大战的历史经验来看，当资本主义强国经济增长乏力，拥有的国际市场空间明显不足，供给扩张与需求有限的矛盾突出，失业率高居不下，重新构建国际经济政治框架、瓜分世界市场将成为其重要的发展策略。在经济增长率不断下滑的趋势下，美国等发达资本主义强国的经济增长压力将不断增加，如何创造新的经济增长点成为各国面临的重大难题。在如此巨大的经济增长压力下，美国已经开始以贸易战的方式争夺世界市场、打压新兴经济体，其是否会像20世纪的德国和日本以战争方式争夺市场资源？这些都将对21世纪人类社会的发展带来极大的不确定性。

（二）贸易保护主义

丹尼·罗德里克在《全球化的悖论》中写道："全球化是资本主义在向全世界延伸。"但当资本主义在世界中的利益分配不平衡时，资本主义内部的矛盾便被激化。越来越多的学者发现，全球化福利在各个产业部门、利益群体和地域间的分布都是极为失衡的（Behrens and Murata，2012）。这便导致了国家整体福利提升与部分地区和人群整体福利损失并存的矛盾，进而推动了"逆全球化"和"贸易保护主义"思潮。此外，经济衰退往往会引发贸易保护，当国内GDP下降、失业率上升时，贸易保护将增多（Bown and Crowley，2013）。

在历史长河中，贸易自由主义和保护主义、全球化和"逆全球化"总是如影随形，此消彼长。它们之间的博弈，轻则导致局部性的贸易摩擦，重则引发全球性的贸易战，损害全球的共同信念，带来不确定性。无论是20世纪30年代经济衰退后的贸易战，还是当前经济增长乏力、利益分配不公背景下的贸易保护措施，都导致了极度的不确定性。随着贸易的发展，贸易保护主义措施种类越来越多，波及范围越来越广，影响程度越来越深。新贸易保护主义措施主要包括绿色壁垒，技术壁垒，以及涉及补贴、倾销、国家贸易垄断等方面的贸易管理。这些贸易保护主义措施，不仅具有报复性，其本身还具有不确定性。20世纪30年代，美国的贸易保护主义遭到英国和加拿大的打击和报复，进而引发贸易战，给全球贸易和经济的发展带来不确定性因素。反补贴、反倾销和反垄断等临时性贸易壁垒措施，既是暂时性的，也是不确定的。

（三）霸权主义

在人类历史上，市场和资源的争夺从未停止过。从发现新大陆，到殖民统治，再到中东战局，都是西方资本主义国家争夺世界市场和资源的重要手段（加尔布雷斯，2009）。而霸权主义是殖民主义、帝国主义的产物，其主要代表是美国。任何国家，一旦威胁美国的霸权地位，都会遭到经济和军事打击。在“二战”结束后，美国先后对苏联和日本发起贸易战，并成功瓦解苏联和日本经济，日本经济甚至由此陷入长达30年的停滞。[①] 此外，美国多次参与中东战局，其真实目的也是维护其霸权地位。美国在中东的核心利益有两点：一是控制石油贸易的货币结算权，这是美元霸权的根基；二是控制巴尔干地区，由于这里是海权国家，美国可以进一步控制欧亚大陆的根基。[②] 然而，美国在中东地区的霸权行为，一方面，引起了中东国家的反击；另一方面，由于威胁了俄罗斯的利益，引起了俄罗斯的强烈反对。三方势力的较量，引发了一系列的政治摩擦和局部冲突。因超级大国争夺世界霸权而引发的激烈斗争，造成了国际局势的动荡和紧张，极大地损害了公众对世界和平发展的信心。

二　不确定性的表现

（一）金融危机诱导因素增多

2008年国际金融危机，给世界经济带来致命的一击，全球经济增速呈现“断崖式”的下跌，全球经济陷入低迷（见图2－1）。由于遭受危机的欧洲国家大多财政状况欠佳，政府收支不平衡，进而

---

① 据世界银行数据统计，自1988年起，日本GDP平均增速不足2.65%，其GDP增速长达13年为负。

② 巴尔干地区，是指西至地中海，东到印度洋，北到黑海和里海，南到亚丁湾，这一大片连接欧亚大陆东西两端的中间地带。

引发了2011年的“欧债”危机。欧盟经济虽然从2009年恢复了正增长率，但“欧债”危机使其经济迅速出现负增长。[①] 两次危机暴露了资本主义和全球化市场的深层次脆弱性，任何外部冲击都有可能导致新的金融危机爆发。金融周期理论给予全球“十年一度金融危机”的信念，更是动摇了投资者信心。2018年委内瑞拉经济崩盘，导致其货币消亡；2022年俄乌冲突导致的石油价格飙升、西方国家对俄罗斯的金融封锁。这一系列金融波动事实进一步加深了人们对危机周期的恐慌，损伤了公众信心。风险事件引起的经济价值或公众信心损失，是引发金融危机的重要系统性风险（王博和齐炎龙，2015）。当金融波动频发，金融危机爆发的可能性将大大增加。

（二）恐怖袭击、局部冲突和战争频发

自21世纪以来，全球恐怖袭击事件频繁发生，且大多源于极端宗教主义、分离主义、国家恐怖主义、毒品恐怖主义和极端民族主义。全球范围内的局部战争和冲突愈演愈烈，比如美国入侵伊拉克、黎巴嫩和以色列冲突、俄罗斯和格鲁吉亚冲突、斯里兰卡内战、利比亚战争、科特迪瓦内战、印度与巴基斯坦边境武装冲突，以及俄罗斯和乌克兰冲突。局部冲突和战争的不断演化升级，又将进一步催生恐怖主义和极端行动。

（三）自然灾害和流行性疾病肆虐

自然灾害种类多，发生频繁，覆盖范围广，是另一重要的不确定性表现。许多自然灾害的不可预测性，使其本身就具有不确定性，比如地震、海啸、洪灾和旱灾。此外，特大自然灾害往往伴随大规模流行性疾病的爆发。“非典”、甲型H1N1流感、非洲猪瘟、禽流感、登革热与西尼罗热、埃博拉病毒等流行性疾病也常年肆虐。这些流行性疾病，不仅造成大规模的死伤，还导致全球性的恐慌。虽然随着经济水平和医疗技术的快速发展，以及人们对流行性疾病认识的不断提高，在较为发达的城市，流行性疾病的预防工作减少了大规模的死伤，

---

① 根据世界银行数据统计，2012年欧盟经济增长率为 -0.42%。

但其传染性仍然容易造成恐慌，严重时会直接迫使企业停产。

（四）石油和粮食危机日益严峻

作为重要的战略资源，石油被称为“工业的血液”“黑色的黄金”。无论战时还是和平时期，石油已经取得了缔造或粉碎国家的能力，在巨大政治、经济斗争中具有决定意义。而中东地区作为世界主要的石油产出地，一直是众矢之的，成为各国政治较量的竞技场。由中东战争引发的三次石油危机，重创全球经济，改变了世界政治格局，导致了极度的不确定性增长（Jurado et al.，2015）。1973 年，阿拉伯国家的石油禁运引发了第一次石油危机，原油价格上涨 2 倍多，进而引发了第二次世界大战之后最严重的全球经济危机；1979 年伊朗革命爆发，引发第二次石油危机，致使西方国家经济全面衰退；1990 年，第一次海湾战争引发第三次石油危机，全球 GDP 增长率在 1991 年跌破 2%，达到 1.45%。[①] 三次石油危机之后，世界经济均进入衰退阶段，且衰退期被拉长。[②] 美国在三次石油危机中，不仅实现了其石油霸权地位，还巩固了美元的霸权根基。进入 21 世纪后，世界经济快速发展，尤其是新兴市场国家和地区的经济突飞猛进，大大增加了石油的需求。然而，宗教信仰矛盾、产油国内部利益矛盾、产油国与西方世界的矛盾，以及强国为争夺石油资源、控制世界经济基础性货币、维护霸权地位而进行的干预等，导致中东局势日益复杂。中东随时可能爆发全面性的对抗冲突，并酿成全球石油危机。

此外，粮食危机不容小觑。联合国粮农组织、联合国世界粮食计划署（2021 年）联合发布的《2021 年全球粮食危机报告》指出，全球遭受严重粮食安全问题或饥荒的人口从 2015 年的 8000 万猛增至 2020 年的 1.55 亿，且有持续上升的趋势。武装冲突、气候变化、蝗

① 资料来源：世界银行。

② 根据世界银行统计的 GDP 增长率数据可知：1973 年第一次世界石油危机后，经济衰退达 2 年；1979 年第二次世界石油危机后，经济衰退达 3 年；1990 年第三次世界石油危机后，经济衰退达 4 年。

虫灾害和宏观经济崩溃，都将加剧全球粮食危机。更重要的是，粮食危机范围广、程度深，在某些情况下影响整个国家人口，甚至给整个地区造成严重破坏。其他危机造成的粮食危机不受国界限制，溢出效应对邻国产生重大影响，如叙利亚难民危机和乍得湖流域危机。

（五）全球贸易和政治摩擦不断

在金融危机暴露全球市场的深层次脆弱性后，“逆全球化”的浪潮再次席卷全球，保护主义和自由主义斗争愈演愈烈。一方面，以英美为首的国家退出国际经贸组织，倡导保护主义和单边主义。特朗普被选为美国总统后，否定全球化理念，拒绝提供公共产品，退出巴黎协定、TPP 和联合国教科文组织，多次威胁退出 WTO 和北美自由贸易协定（North American Free Trade Agreement，NAFTA），并于 2018 年初宣布提高对中国的关税，与欧洲部分国家达成“零关税”协议，企图构建新的国际贸易秩序。另一方面，以中日为首的国家仍然倡导贸易自由主义和多边主义，努力构建开放型世界经济体系。2015 年中国提出“一带一路”倡议，开创地区新型合作；2017 年，党的十九大报告明确指出，构建开放型世界经济。在特朗普提出美国将退出 TPP 后，日本首相安倍晋三在 2016 年 11 月 20 日召开的亚太经济合作会议（APEC）上强调“自由贸易才是世界经济增长的源泉”，并积极与其他 10 位 TPP 成员促成 TPP 的生效。“全球化”和“逆全球化”、自由主义和保护主义、单边主义和多边主义的博弈，引发了局部贸易摩擦，比如中美贸易摩擦，给企业投资和生产带来极大的不确定性。

近年来，美国、俄罗斯和中东等国家和地区之间的政治摩擦不断，激化了民族情绪，损害了人类社会和平发展的共同信念。2018 年 4 月 14 日，美国、英国和法国对叙利亚军事设施实施精准打击，俄罗斯在中东的利益受到威胁，美国和俄罗斯关系僵化；2018 年 5 月 9 日，特朗普政府撕毁《伊核协议》，制裁伊朗，中东局势紧张；2022 年俄乌冲突爆发，以美国为首的西方国家在经济金融等方面制裁俄罗斯，美俄关系进一步僵化，这或将影响亚太和平，增加亚太地区政治不确定性。由于发达资本主义国家之间的矛盾日益凸显，资本主义世界体系面临重大调整，国际政治秩序进入新一轮的重构阶段。

三　不确定性的特征

（一）全球不确定性上升趋势明显

Baker 等（2016）构建的不确定性指数，量化了全球经济政策不确定性，提供了全球不确定性变化的直观视图（见图 2－2）。整体而言，全球经济政策不确定性呈逐渐上升的趋势。在重大危机发生后，比如金融危机（1997 年亚洲金融危机、2008 年国际金融危机、2011 年欧元区危机）、恐怖主义危机（2001 年“9·11”事件）、区域化战争（2003 年第二次海湾战争）、“逆全球化”浪潮（2016

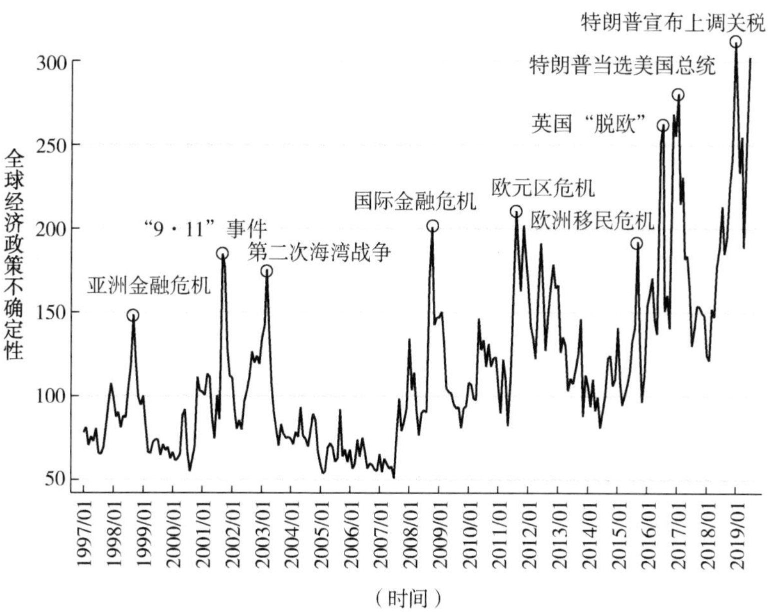

图 2－2　全球经济政策不确定性指数

注：Baker 等（2016）构建的全球经济政策不确定性涵盖全球 17 个经济体，其 GDP 占全球 GDP 的 2/3，该指数具有一定的说服力。

资料来源：http：//www. policyuncertainty. com/。

年英国“脱欧”和特朗普当选美国总统）和贸易摩擦（特朗普宣布关税上调）等发生后，全球经济政策不确定性骤增，并达到短期峰值。尤其在特朗普当选美国总统后，全球不确定性指数达到历史峰值。这与提出 Ludvigson 等（2018）提出的“宏观不确定性因实际冲击而内生上升”不谋而合。此外，中国经济政策不确定性与全球经济政策不确定性保持高度的一致，无论是“9·11”事件，还是国际金融危机、欧元区危机，抑或是美国单方面的关税政策，都给予中国经济政策极大冲击，导致中国经济政策不确定性指数达到短期峰值（见图 2－3）。不容忽视的是，中国经济政策不确定性短期峰值要远高于世界经济政策不确定性。比如，“9·11”事件使中国经济政策不确定性达到峰值 300，该值是中国经济政策不确定性峰值的历史最低值，而全球经济政策不确定性历史最高点也仅为 300 左

图 2－3　中国经济政策不确定性

注：Baker 等（2016）测算了 1995 年 1 月至 2019 年 7 月中国经济政策不确定性。1995 年至 2000 年中国经济政策不确定性没有突出的峰值，因而本图未呈现。

资料来源：http：//www. policyuncertainty. com/。

右。2019 年第二季度，中美贸易关系进一步恶化，中国经济政策不确定性达到 950，是中国历史最高点。

（二）不确定性具有国际溢出效应和政策溢出效应

在经济高度全球化之后，几乎没有国家能够在不确定性中独善其身。一方面，单一国家的不确定性冲击，会使其他国家整体经济政策不确定性急剧上升。比如英国“脱欧”和特朗普当选美国总统，都导致日本整体经济政策不确定性的上升。而且日本、美国，乃至全球经济政策不确定性的变化趋势高度一致（见图 2－4）。另一方面，贸易大国的贸易政策变化，牵动着其他国家的财政和货币政策等。2018 年初，特朗普政府宣布关税上调，导致全球贸易政策局势紧张，尤其是中美之间贸易关系僵持，日本和美国财政政策和货币政策不确定性均有显著上升，且上升趋势一致。① Klössner 和 Sekkel（2014）以加拿大、法国、德国、意大利、英国和美国的经济政策不确定性为例，发现一国不确定性变化的 25% 是其他国家不确定性的溢出效应；自 2008 年国际金融危机以来，美国和英国是经济政策不确定性的净溢出者，而加拿大等 4 个国家都是经济政策不确定性的净接收者。Fontaine 等（2018）对中国、美国、西欧、日本、巴西、韩国和俄罗斯经济政策不确定性的研究也发现，中国的不确定性冲击，将使其他 6 个经济体的不确定性上升 10%—15%。

第二节　优惠贸易协定发展趋势

根据第一章第三节的文献梳理，可以发现，通过签订优惠贸易协定，可以降低贸易政策的不确定性。因此，本节从优惠贸易协定

① 目前，基于 Baker 等（2016）的方法，虽然学术界测算并公布了 23 个经济体的整体经济政策不确定性指数，但是只有日本和美国有详细的财政政策、货币政策和贸易政策不确定性指数，因而本书以日本和美国为例。

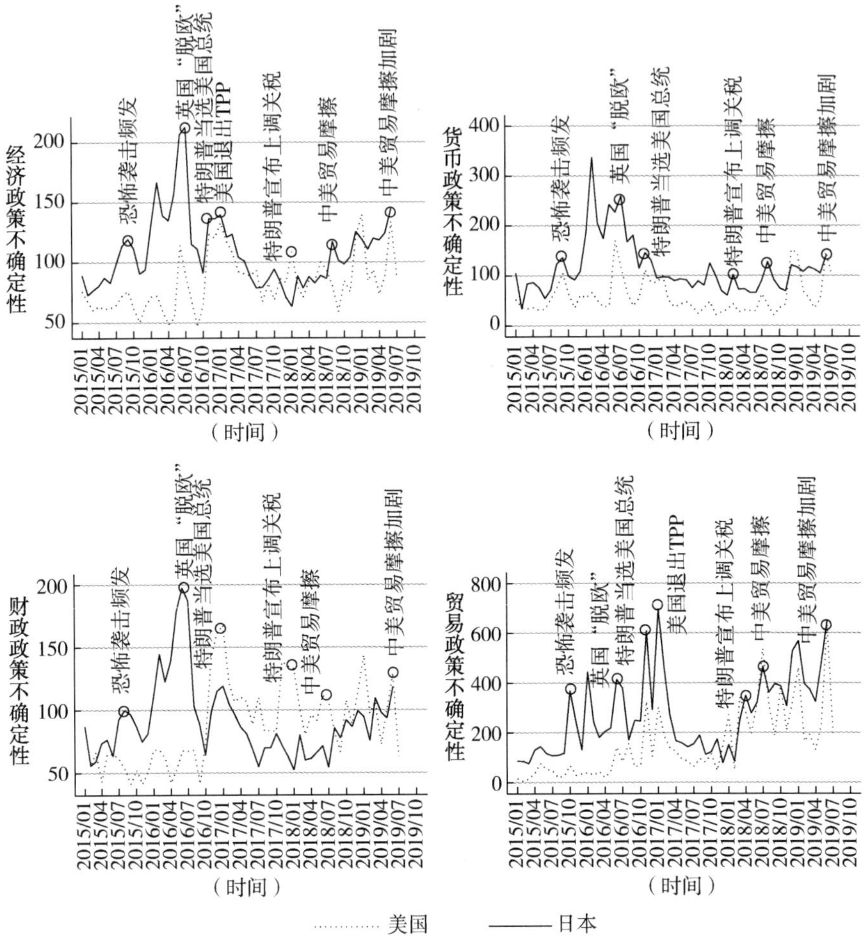

图 2-4 美国和日本政策不确定性指数

注：Baker 等（2016）从贸易政策、财政政策、货币政策、税收政策、政府购买、福利项目、卫生保健、国家安全、金融监管、主权债务和货币危机等角度构建了美国经济政策不确定性；Arbatli 等（2017）采用 Baker 等（2016）的方法，从贸易政策、财政政策、货币政策和外汇政策层面，构建了日本整体经济政策的不确定性指数。为便于比较，本书只画出美日整体经济政策、贸易政策、财政政策和货币政策的不确定性指数。

资料来源：http：//www. policyuncertainty. com/。

覆盖的贸易份额、优惠贸易协定政策合作深度和广度、优惠贸易协定下 TPU 等方面梳理了其发展趋势，从而为本书的理论模型构建和经验研究提供现实依据。

一　优惠贸易协定覆盖的贸易份额不断上升

纵观贸易协定的发展史，更全面的贸易协定对贸易的正面影响更大，而覆盖面更广、更开放的贸易政策将是未来的发展趋势。Frankel 等（1997）将优惠贸易协定分为 6 类，即非互惠 PTA、互惠 PTA、自由贸易协定（Free Trade Agreement，FTA）、关税同盟（Customs Union，CU）、共同市场（Common Market，CM）和经济联盟（Economic Union，EU），其开放程度和覆盖范围依次扩大。整体而言，上述 6 类贸易协定涵盖的贸易份额，从 1965 年的 22% 上升到 2010 年的 60%（见图 2－5）。从贸易协定的类别来看，非互惠 PTA 的贸易份额在 20 世纪 70 年代有所增加，但自 20 世纪 80

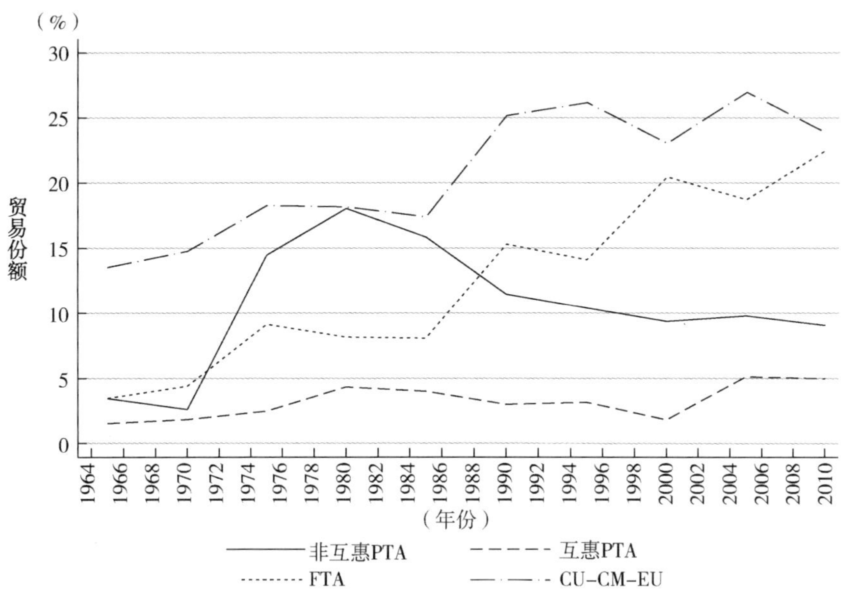

图 2－5　优惠贸易协定覆盖的贸易份额

注：由于关税同盟、共同市场和经济联盟三个类别的协议数量较少，Limão（2016）将其归为一类，即 CU-CM-EU。

资料来源：Limão（2016）中图 2，笔者仅改变呈现格式。

年代开始下降，并在进入21世纪后稳定在10%左右；互惠PTA的贸易规模整体很小，其相对重要性在1980—2000年下降，并从2000年开始增加，从2005年开始稳定在5%；自由贸易协定的贸易份额从1965年的3.5%快速增加到2010年的22.5%，是四种优惠贸易协定类型中增长幅度最大的；虽然关税同盟、共同市场和经济联盟的数量少，但其贸易份额一直高于其他三种优惠贸易协定，并从1965年的14%增加到2010年的24%。这说明，优惠贸易协定下的贸易不可阻挡，更开放、覆盖面更广的贸易协定越来越重要。

二 优惠贸易协定政策合作深度和广度不断增加

优惠贸易协定的政策合作范围，从另一方面提示了未来的发展空间。Limão（2016）从关税、非关税壁垒、边境政策以及其他政策方面，测算了优惠贸易协定政策合作的深度，从产品、服务、技术和生产要素等方面测算了优惠贸易协定政策合作的广度，如表2-1所示。当贸易政策合作范围仅限于产品贸易时，政策合作程度越深，贸易协定比例越少。比如100%的优惠贸易协定都涉及产品层面的关税政策，56%涉及关税、非关税壁垒、边境政策以及其他政策。而当政策合作广度扩展到服务、技术甚至是生产要素时，政策合作程度越深，贸易协定比例越高。比如，当贸易协定的政策合作从关税扩展到所有政策时，该种贸易协定中涉及创新或知识产权的比例从79%增加到93%。以上事实说明，在优惠贸易协定中，从关税、非关税壁垒、边境政策和其他政策等方面展开合作，对产品、服务、技术和生产要素贸易进行规范化、标准化，是未来优惠贸易协定可拓展的方向。

表2-1　　　　优惠贸易协定政策合作的深度和广度

深度	广度					
	贸易类型		技术	生产要素		
	产品	产品和服务	创新或知识产权	资本	劳动	所有要素
关税政策	1.00	0.63	0.79	0.76	0.58	0.42

续表

深度	广度					
	贸易类型		技术	生产要素		
	产品	产品和服务	创新或知识产权	资本	劳动	所有要素
关税和非关税壁垒	0.98	0.64	0.81	0.78	0.59	0.43
关税和边境政策	0.89	0.66	0.83	0.78	0.62	0.46
关税和其他政策	0.60	0.70	0.92	0.92	0.77	0.53
所有政策	0.56	0.73	0.93	0.91	0.79	0.55

注：表中数据表示政策合作中不同深度和广度组合的比例。
资料来源：Limão（2016）中表1，笔者仅改变其呈现形式。

三　优惠贸易协定下 TPU 呈下降趋势

优惠贸易协定实际上以双边或多边贸易发展为共同信念，确保业务规划、投资环境和贸易条件的稳定、透明和可预测，这与 Knight（1921）提出的减少不确定性的方法不谋而合。Limão（2016）认为，深层次的优惠贸易协定可以从两方面降低贸易政策不确定性。一方面，如果消除某些贸易障碍（比如关税和非关税壁垒），并将其限制为零，那么未来重新谈判的风险就会降低，企业对未来政策不确定性的担忧将减少。另一方面，如果具有更多相似偏好的国家在标准、规则以及非经济政策方面达成一致，整合经济以使贸易战的成本极高，未来引发贸易保护的风险和不确定性将下降。大量经验研究发现，无论是以 WTO 为代表的全球性贸易协定，还是以 TPP、RCEP 为代表的区域贸易协定，抑或是双边贸易协定，甚至是关税同盟，都能降低缔约国之间的贸易政策不确定性，促进贸易的发展，比如出口产品种类数增加、产品价格下降和产品质量提升，甚至是进口产品种类数增加和产品质量提高（Handley，2014；Handley and Limão，2015，2017；Osnago et al.，2015；Shepotylo and Stuckatz，2017；Feng et al.，2017；钱学锋和龚联梅，2017；Imbruno，2019；毛其淋，2020）。在高度的贸易政策不确定性条件下，比如 2008 年国际金融危机背景下，优惠贸易协定极大地削弱了贸易政策不确定性的消极作用（Carballo et al.，2018）。

本小节度量不同类型优惠贸易协定下中国面临的贸易政策不确定性变化，初步给予优惠贸易协定背景下不确定性变化的直观感受，能够为理论模型的构建提供可靠的现实依据，并为经验研究提供丰富的数据分析基础。

（一）整体趋势

本节选择 WTO、亚太贸易协定（Asia Pacific Trade Agreement，APTA）、中巴自由贸易协定和中澳自由贸易协定作为样本，并以关税差分法衡量贸易政策不确定性。① 在图 2-6 中，整体来看，无论是全球性贸易协定 WTO，还是区域贸易协定 APTA，抑或是双边贸易协定（中澳自由贸易协定和中巴自由贸易协定），都极大地降低了中国面临的贸易政策不确定性。自 1996 年开始，中国与四个贸易组织或协定成员之间的 TPU 整体呈下降趋势。虽然在极个别年份有轻微幅度的上升，但并不影响整体的下降趋势。在不同的阶段，中国面临的 TPU 下降速度不同。1996—1997 年，中国与四个贸易组织或协定成员之间的 TPU 下降幅度较大。相比于 1997—2000 年的平缓下降，2000—2001 年中国面临的 TPU 呈“断崖式”下跌。自 2001 年开始，中国的 TPU 无明显变化，维持在零左右。然而，这一平稳趋势在 2017 年被打破。2017 年，中国面临的 TPU 具有上升的趋势。这与 2016 年英国“脱欧”、特朗普当选美国总统以及 2017 年美国退出 TPP 等国际环境相关。虽然这些事件并不直接发生在中国，但都对中国面临的 TPU 产生了影响。这说明两点：其一，任何国际环境

① 本节选择 WTO 作为中国参与的全球性贸易协定的代表，分析中国与 WTO 成员之间的贸易政策不确定性，能够反映出全球化给中国带来的贸易政策不确定性变化；而本节选择亚太贸易协定作为中国参与的区域贸易协定的代表，将其与覆盖面最广的 WTO 进行比较；澳大利亚是发达国家，巴基斯坦是发展中国家，二者在中国贸易中占有重要的位置，因此二者与中国签订的自由贸易协定可作为中国与发达国家和发展中国家贸易协定的代表。

波动，都会造成贸易政策的不确定性上升；其二，不确定性具有国际溢出效应，作为世界贸易大国，中国不能独善其身。

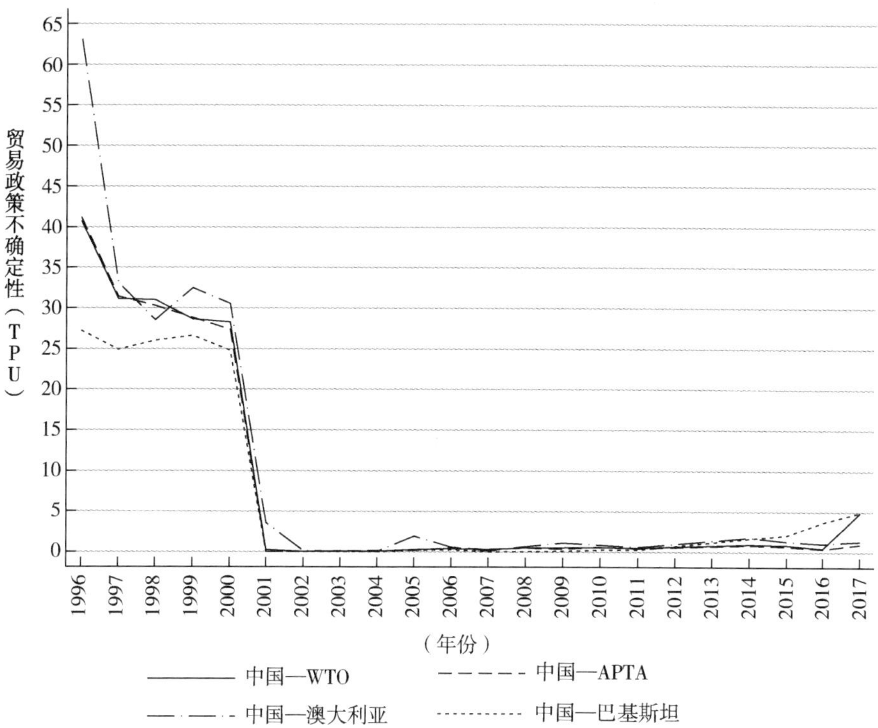

图 2－6　中国与不同国家或贸易组织间 TPU 变化趋势

资料来源：根据 WITS 数据库中关税和贸易数据计算得到。

不同的贸易协定下，中国面临的 TPU 下降幅度略有差异。WTO 和亚太贸易协定框架下，中国面临的 TPU 趋势线几乎重合，下降幅度约为 41%。中澳自由贸易协定下，中国面临的 TPU 下降幅度最大，高达 63%。中巴自由贸易协定下，中国面临的 TPU 下降幅度最小，约为 27%。更重要的是，四种贸易协定都是在 2001 年使中国面临的 TPU 下降为零，而中国加入 WTO 和 APTA 发生在 2001 年，与巴基斯坦签订自由贸易协定发生在 2006 年，与澳大利亚签订自由贸易协定发生在 2015 年。这说明，全球性贸易组织和区域贸易协定所带来的不确定性下降幅度最大，而在全球性贸易组织内，任何双边贸易协定所带来的不确定性下降程度都微乎其微。[①] 显然，从应对不确定性来看，多边贸易协定优于双边贸易协定。

值得注意的是，图 2－6 并没有体现当前 WTO 的发展局势带来的不确定性。WTO 改革势在必行，但是改革之路漫长且面临着重重困难，能否达成一致的改革方案，以及什么时候能够完成改革，都是未知数。改革本身的不确定性对世界经贸发展带来了极度的不确定性，这也进一步反映了关税度量方式的局限性。

（二）行业差异

以 HS（International Convention for Harmonized Commodity Descripition and Coding System）6 位数行业的总贸易额为权重，通过 HS 与 GB2002 代码转换，计算得到 GB2002 行业层面 TPU。制造业行业贸易在中国贸易中具有重要地位，而且制造业是国民经济的主体，是强国之基。因此，本节以制造业行业为例，分析不同贸易协定下中国面临的贸易政策不确定性变化。

1. 中国与 WTO 成员间制造业行业 TPU

从图 2－7 可以看出，中国与 WTO 成员间制造业行业的贸易政策不确定性与图 2－6 的整体趋势类似：2001 年之前呈下降趋势，2001—2016 年维持在零左右，2017 年开始上升；1996—1997 年，所有行业的 TPU 均有较大幅度的下降；1997—2000 年，大部分行业的 TPU 下降幅度较小；2000—2001 年，所有行业的 TPU 都呈“断崖式”下跌。[②]

但是，行业差异也非常明显（见表 2－2）。一方面，整体下降幅度不同。烟草制品业下降幅度最大，高达 139.78，其次是农副食品加工业，下降幅度为 121.22，再次是饮料制造业，下降幅度为 120.75（见表 2－2）。下降幅度最小的三个行业分别是有色金属冶炼及压延加

① 中国、澳大利亚、巴基斯坦均为 WTO 成员。

② 变化幅度为相应年份 TPU 的差额，正值表示 TPU 上升，负值表示 TPU 下降。

工业（下降20.16），黑色金属冶炼及压延加工业（下降19.55），以及石油加工、炼焦及核燃料加工业（下降19.12）。

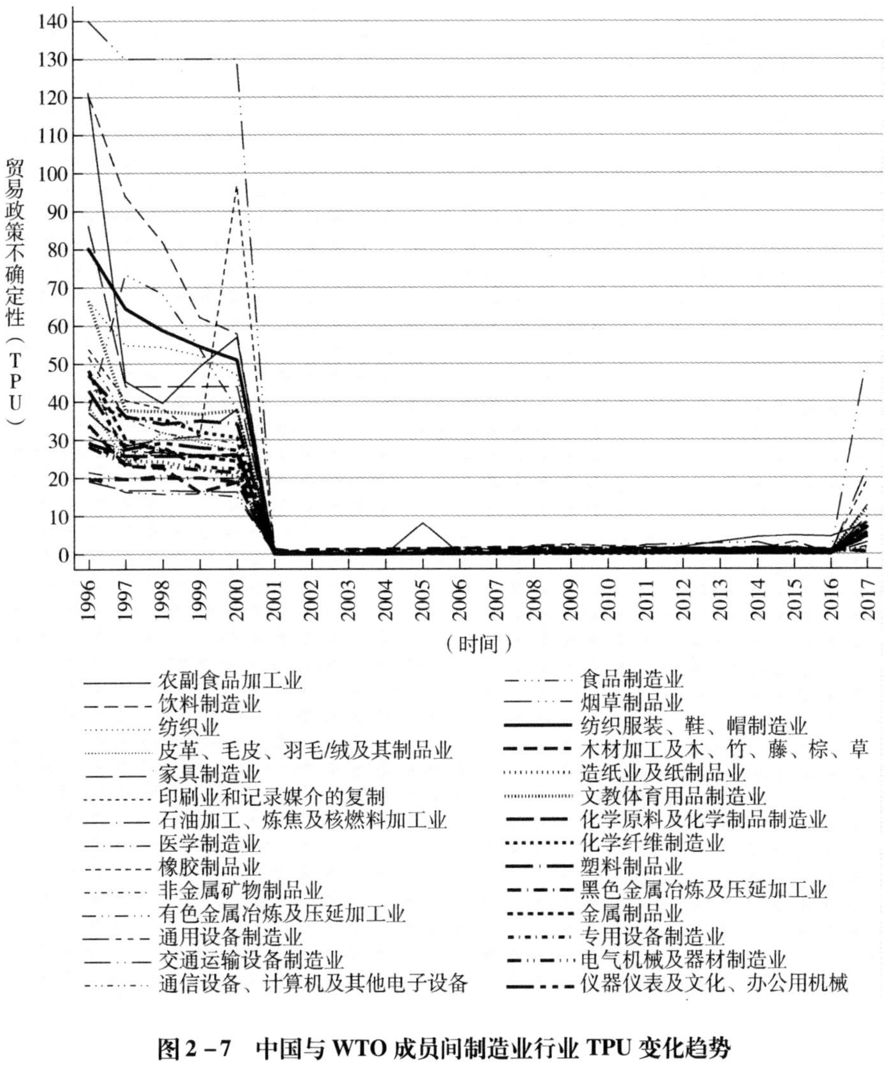

图2－7　中国与WTO成员间制造业行业TPU变化趋势

表2－2　　　　中国与WTO成员间制造业行业的TPU

行业	加入WTO前		加入WTO后			Δ
	1996年	2000年	2001年	2016年	2017年	
农副食品加工业	121.22	56.96	0.00	4.57	8.07	－121.22

续表

行业	加入 WTO 前		加入 WTO 后			Δ
	1996 年	2000 年	2001 年	2016 年	2017 年	
食品制造业	37.81	37.73	0.00	0.05	8.32	-37.81
饮料制造业	120.75	57.87	0.00	0.00	12.77	-120.75
烟草制品业	140.00	130.00	0.22	0.52	52.73	-139.78
纺织业	66.55	46.98	0.65	0.21	4.40	-65.90
纺织服装、鞋、帽制造业	80.13	50.96	0.01	0.52	7.00	-80.12
皮革、毛皮、羽毛/绒及其制品业	38.76	26.97	0.01	0.05	8.70	-38.75
木材加工及木、竹、藤、棕、草	33.88	18.93	0.01	1.15	0.45	-33.87
家具制造业	86.25	43.99	0.00	0.00	2.99	-86.25
造纸业及纸制品业	33.47	20.39	0.00	0.13	1.60	-33.47
印刷业和记录媒介的复制	47.29	25.37	0.00	0.00	7.52	-47.29
文教体育用品制造业	66.46	37.69	0.39	0.33	12.31	-66.07
石油加工、炼焦及核燃料加工业	19.12	16.29	0.00	0.08	4.03	-19.12
化学原料及化学制品制造业	29.15	26.11	1.20	0.12	4.96	-27.95
医学制造业	21.53	19.95	0.00	0.41	6.81	-21.53
化学纤维制造业	40.26	30.62	0.00	0.00	5.60	-40.26
橡胶制品业	53.86	96.81	0.03	0.60	19.39	-53.83
塑料制品业	46.98	34.21	0.00	0.02	7.10	-46.98
非金属矿物制品业	51.88	29.12	0.03	0.05	8.85	-51.85
黑色金属冶炼及压延加工业	19.55	18.89	0.00	0.01	5.65	-19.55
有色金属冶炼及压延加工业	20.16	15.07	0.00	0.00	1.05	-20.16
金属制品业	48.27	24.41	0.07	0.26	8.11	-48.20
通用设备制造业	30.96	25.74	0.00	0.13	9.87	-30.96
专用设备制造业	29.35	22.44	0.00	0.06	5.55	-29.35
交通运输设备制造业	37.06	38.02	0.00	0.29	22.66	-37.06
电气机械及器材制造业	28.21	21.45	0.00	0.18	4.62	-28.21
通信设备、计算机及其他电子设备	37.18	25.79	0.02	0.14	1.95	-37.16
仪器仪表及文化、办公用机械	42.91	27.31	0.01	0.84	7.22	-42.90
均值	51.04	36.65	0.10	0.38	8.94	-50.94

注：Δ 表示 2001 年和 1996 年的 TPU 差额。
资料来源：根据 WITS 数据库中关税和贸易数据计算得到。

另一方面，阶段性的下降幅度不同。1997—2000 年，农副食品加工业的 TPU 有轻微的上升，饮料制造业，有色金属冶炼及压延加工业，纺织服装、鞋、帽制造业的 TPU 有显著下降，其他行业的 TPU 下降幅度较小。2000—2001 年，烟草制品业下降幅度最大，高达 129.78，其次是农副食品加工业和饮料制造业，下降幅度分别为 56.96 和 57.87；下降幅度最小的是黑色金属冶炼及压延加工业（下降 18.89），石油加工、炼焦及核燃料加工业（下降 16.29），以及有色金属冶炼及压延加工业（下降 15.07）。2016—2017 年，烟草制品业的 TPU 上升幅度最大，达到 52.21，其次是交通运输设备制造业和橡胶制品业，分别下降 22.37 和 18.79，上升幅度最小的是有色金属冶炼及压延加工业，仅上升 1.05。

2. 中国与 APTA 成员间制造业行业 TPU

中国与 APTA 成员间制造业行业的 TPU 变化趋势，大体上与 WTO相似（见图 2－8）。1996—1997 年，除农副食品加工业有显著上升外，中国与 APTA 成员间其他制造业行业的 TPU 下降速度较快。1997—2000 年，除农副食品加工业有显著上升外，其他行业的 TPU 均表现出缓慢下降。2000—2001 年，所有制造业行业的 TPU 均呈“断崖式”下跌。2001—2016 年，所有制造业行业的 TPU 维持在零左右。2016—2017 年，除烟草制品业、农副食品加工业、饮料制造业、造纸业及纸制品业、印刷业和记录媒介的复制、黑色金属冶炼及压延加工业的 TPU 有显著上升外，其他行业的 TPU 无显著上升，均维持在零左右。

比较图 2－8 和图 2－7，可以发现，中国与 APTA 成员间以及中国与 WTO 成员间的大多数制造业行业 TPU 变化趋势高度一致，比如烟草制品业，饮料制造业，纺织服装、鞋、帽制造业，家具制造业，纺织业，文教体育用品制造业，石油加工、炼焦及核燃料加工业，黑色金属冶炼及压延加工业，有色金属冶炼及压延加工业，以及塑料制品业等。全球性的贸易组织 WTO 和区域贸易协定带来的 TPU 变化较为相同，说明多边贸易协定不论其成员多与少，都能带来相似的 TPU 变化。

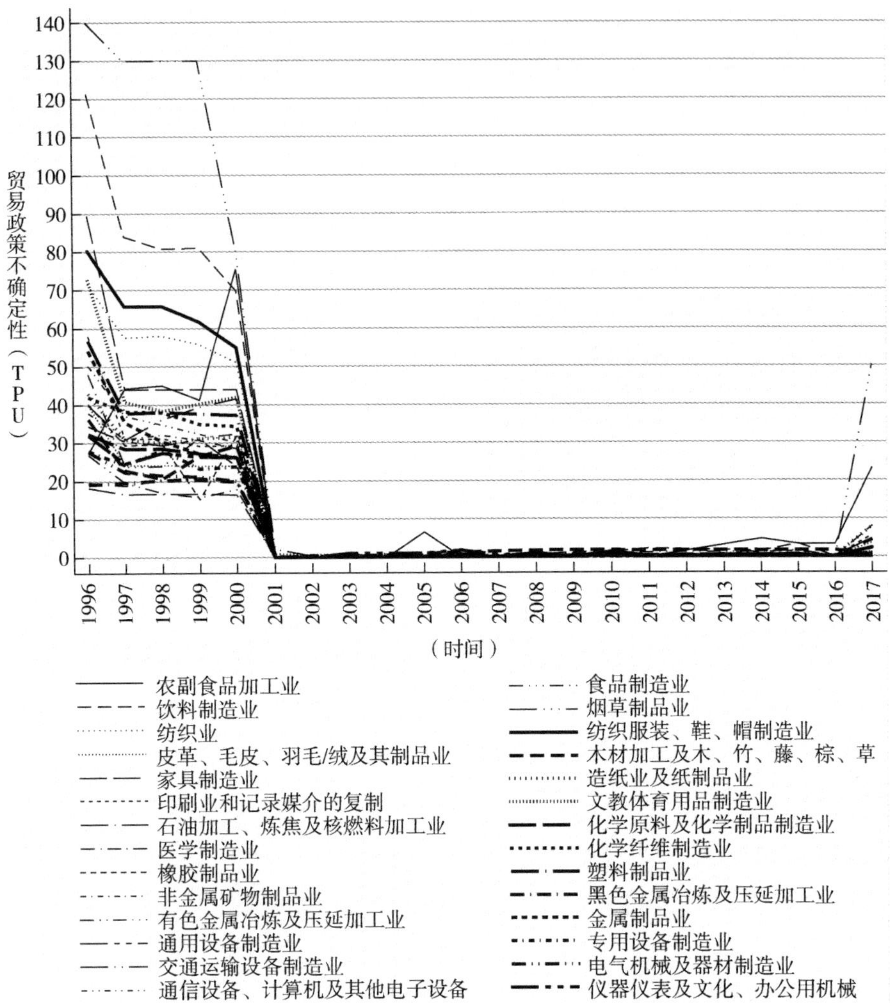

图 2-8　中国与 APTA 成员间制造业行业 TPU 变化趋势

表 2-3　　中国与 APTA 成员间制造业行业的 TPU

行业	加入 APTA 前		加入 APTA 后			Δ
	1996 年	2000 年	2001 年	2016 年	2017 年	
农副食品加工业	27.30	75.41	0.00	3.33	23.23	-27.30
食品制造业	47.91	32.31	0.00	0.00	1.24	-47.91
饮料制造业	121.34	69.82	0.00	0.00	8.00	-121.34

续表

行业	加入 APTA 前		加入 APTA 后			Δ
	1996 年	2000 年	2001 年	2016 年	2017 年	
烟草制品业	140.00	80.00	2.16	0.05	50.18	-137.84
纺织业	71.61	51.16	0.08	0.15	1.35	-71.53
纺织服装、鞋、帽制造业	80.26	55.01	0.00	0.16	2.30	-80.26
皮革、毛皮、羽毛/绒及其制品业	39.92	24.02	0.00	0.00	3.63	-39.92
木材加工及木、竹、藤、棕、草	36.21	29.18	0.02	1.73	0.22	-36.19
家具制造业	89.52	43.99	0.00	0.00	4.85	-89.52
造纸业及纸制品业	42.89	31.48	0.00	0.17	7.96	-42.89
印刷业和记录媒介的复制	58.01	29.32	0.00	0.00	5.63	-58.01
文教体育用品制造业	72.74	41.92	0.71	0.00	0.42	-72.03
石油加工、炼焦及核燃料加工业	18.25	16.43	0.00	0.00	0.03	-18.25
化学原料及化学制品制造业	32.32	26.14	0.01	0.00	2.26	-32.31
医学制造业	19.67	19.92	0.00	0.01	0.92	-19.67
化学纤维制造业	41.97	34.34	0.00	0.00	0.36	-41.97
橡胶制品业	40.18	31.82	0.04	0.00	2.21	-40.14
塑料制品业	56.79	37.25	0.00	0.00	0.08	56.79
非金属矿物制品业	37.83	28.54	0.02	0.00	2.60	-37.81
黑色金属冶炼及压延加工业	19.15	19.80	0.00	0.01	4.48	-19.15
有色金属冶炼及压延加工业	26.82	17.80	0.00	0.00	0.81	-26.82
金属制品业	54.17	26.23	0.18	0.00	0.26	-53.99
通用设备制造业	34.36	23.89	0.00	0.07	0.88	-34.36
专用设备制造业	27.85	23.77	0.00	0.01	0.93	-27.85
交通运输设备制造业	39.91	41.58	0.00	0.02	0.48	-39.91
电气机械及器材制造业	27.67	20.04	0.00	0.01	0.60	-27.67
通信设备、计算机及其他电子设备	50.26	30.21	0.00	0.00	0.09	-50.26
仪器仪表及文化、办公用机械	31.95	26.17	0.00	0.00	0.04	-31.95
均值	49.53	35.27	0.12	0.20	4.50	-49.41

注："Δ" 表示 2001 年和 1996 年的 TPU 差额。

资料来源：根据 WITS 数据库中关税和贸易数据计算得到。

此外，不同行业 TPU 的整体性和阶段性下降幅度不同（见表 2-3）。从整体来看，TPU 下降幅度最大的依然是烟草制品业，高达

137.84，其次是饮料制造业，家具制造业，纺织服装、鞋、帽制造业，文教体育用品制造业，以及纺织业，下降幅度分别为121.34、89.52、80.26、72.03和71.53。TPU下降幅度最低的五个行业分别是电气机械及器材制造业（下降27.67），有色金属冶炼及压延加工业（下降26.82），医学制造业（下降19.67），黑色金属冶炼及压延加工业（下降19.15），石油加工、炼焦及核燃料加工业（下降18.25）。

从阶段来看，1996—1997年，TPU下降幅度最大的是家具制造业，达到45.53；其次是饮料制造业、文教体育用品制造业、印刷业和记录媒介的复制和食品制造业，分别下降37.44、32.02、27.01和24.10；下降幅度最少的是医学制造业，仅下降0.82。2000—2001年，TPU下降幅度最大的是烟草制品业，达到77.84；其次是农副食品加工业、饮料制造业，分别下降75.41、69.82；下降幅度最低的是石油加工、炼焦及核燃料加工业，仅下降16.43。2016—2017年，TPU上升幅度最大的是烟草制品业，高达50.13，其次是农副食品加工业，上升19.9，上升幅度最小的是石油加工、炼焦及核燃料加工业，仅上升0.03。

3. 中国与澳大利亚间制造业行业TPU

虽然1996—2017年中国与澳大利亚间制造业行业的TPU整体上是下降的，但是具体的行业表现与WTO和APTA框架下中国制造业行业TPU大相径庭。结合图2－9和表2－4，可以发现，1996—1997年，中国与澳大利亚间大多数制造业行业的TPU下降较快，其中家具制造业和文教体育用品制造业下降速度最大。1997—2000年，除饮料制造业下降较快、农副食品加工业不降反升外，其他制造业行业的TPU下降速度较小。2000年至2001年，所有制造业行业的TPU呈“断崖式”下跌，其中下降幅度最大的是农副食品加工业，高达106.80。2001—2016年，除农副食品加工业和纺织业在2004—2006年有轻微的波动（但很快恢复零水平），其他制造业行业的TPU保持在零水平。2016—2017年，纺织业、印刷业和记录媒介的复制、造纸业及纸制品业、农副食品加工业的 TPU 有轻微的上升（分别上升 12.61、7.91、3.20 和 0.85），其他制造业行业仍然维持在零水平。

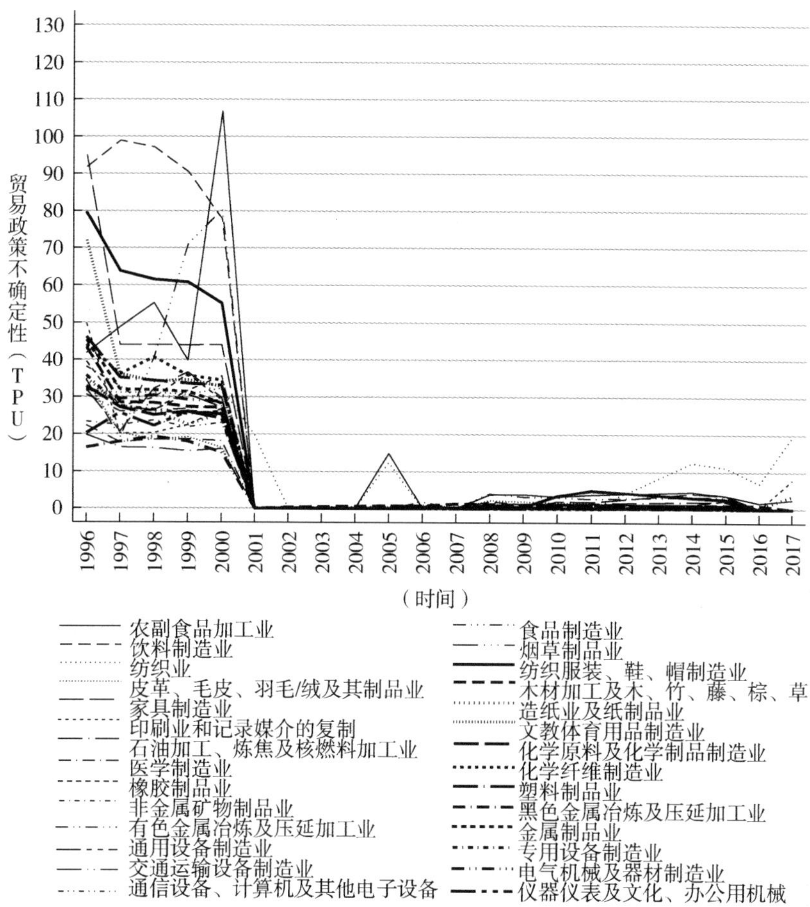

图 2-9　中国与澳大利亚间制造业行业 TPU 变化趋势

表 2-4　　中国与澳大利亚间制造业行业的 TPU

行业	签订自贸协定前		签订自贸协定后			Δ
	1996 年	2000 年	2001 年	2016 年	2017 年	
农副食品加工业	41.85	106.80	0.00	1.66	2.51	-41.85
食品制造业	34.43	80.33	0.00	0.00	0.00	-34.43

续表

行业	签订自贸协定前		签订自贸协定后			Δ
	1996 年	2000 年	2001 年	2016 年	2017 年	
饮料制造业	91.76	77.85	0.00	0.00	0.00	-91.76
烟草制品业	—	130.00	—	—	—	—
纺织业	31.54	32.24	19.64	6.94	19.55	-11.90
纺织服装、鞋、帽制造业	79.48	55.16	0.00	0.00	0.00	-79.48
皮革、毛皮、羽毛/绒及其制品业	34.27	16.43	0.10	0.00	0.00	-34.17
木材加工及木、竹、藤、棕、草	43.36	27.10	0.00	0.99	0.00	-43.36
家具制造业	95.00	44.00	0.00	0.00	0.00	-95.00
造纸业及纸制品业	34.81	25.59	0.00	0.34	3.54	-34.81
印刷业和记录媒介的复制	49.73	26.82	0.00	0.00	7.91	-49.73
文教体育用品制造业	72.00	32.77	0.01	0.00	0.00	-71.99
石油加工、炼焦及核燃料加工业	19.78	16.07	0.00	0.00	0.00	-19.78
化学原料及化学制品制造业	32.81	25.38	0.01	0.01	0.01	-32.80
医学制造业	22.34	18.23	0.00	0.00	0.00	-22.34
化学纤维制造业	44.04	34.47	0.00	0.00	0.00	-44.04
橡胶制品业	39.42	29.18	0.01	0.00	0.00	-39.41
塑料制品业	46.17	33.08	0.00	0.00	0.00	-46.17
非金属矿物制品业	38.05	35.61	0.02	0.00	0.00	-38.03
黑色金属冶炼及压延加工业	16.42	15.10	0.00	0.00	0.00	-16.42
有色金属冶炼及压延加工业	30.61	27.50	0.00	0.00	0.00	-30.61
金属制品业	45.34	28.27	0.04	0.00	0.00	-45.30
通用设备制造业	32.52	27.21	0.00	0.00	0.00	-32.52
专用设备制造业	35.77	25.98	0.00	0.00	0.00	-35.77
交通运输设备制造业	31.96	29.76	0.00	0.00	0.00	-31.96
电气机械及器材制造业	32.24	28.71	0.00	0.26	0.00	-32.24
通信设备、计算机及其他电子设备	23.38	23.08	0.01	0.00	0.00	-23.37
仪器仪表及文化、办公用机械	20.26	24.22	0.00	0.00	0.00	-20.26
均值	41.46	38.46	0.73	0.38	1.24	-40.73

注："—"表示缺失，"Δ"表示 2001 年和 1996 年的 TPU 差额。
资料来源：根据 WITS 数据库中关税和贸易数据计算得到。

值得一提的是，中国与澳大利亚间制造业行业 TPU 整体下降幅度最大的不再是烟草制品业，而是家具制造业，下降幅度高达 95.00。

2000—2001 年，下降幅度最大的不再是烟草制品业，而是农副食品加工业，其下降幅度高达 106.80。此外，食品制造业的贸易政策不再是持续下降，而是从 1997 年开始有显著的上升（上升幅度达到 45.90），从 2000 年才恢复下降趋势。

4. 中国与巴基斯坦间制造业行业 TPU

中国和巴基斯坦间制造业行业的 TPU 与中国和澳大利亚间的表现大同小异（见图 2-10）。相同的是：1996—1997 年，中国与巴基

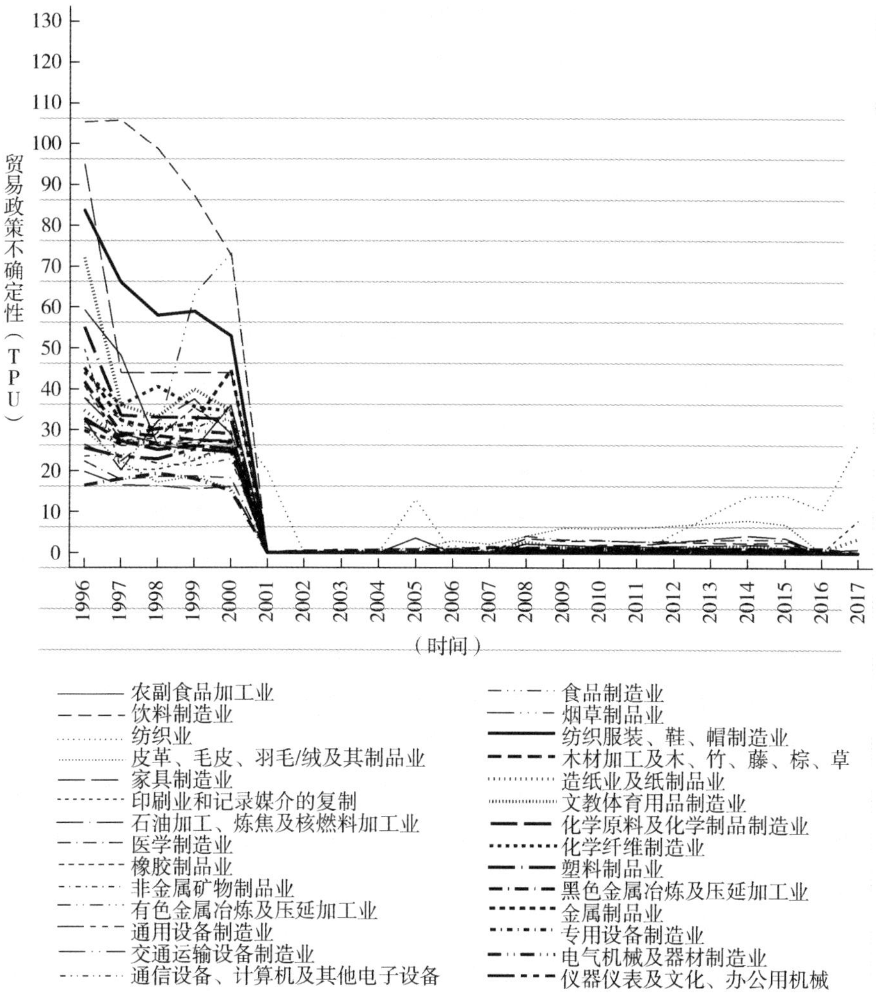

图 2-10　中国与巴基斯坦间制造业行业 TPU 变化趋势

斯坦间大多数制造业行业的 TPU 下降较快，其中家具制造业和文教体育用品制造业下降速度最大；1997—2000 年，除饮料制造业下降较快外，其他制造业行业的 TPU 下降速度较小；2000—2001 年，所有制造业行业的 TPU 呈“断崖式”下跌；2001—2016 年，除农副食品加工业和纺织业在 2004—2006 年有轻微的波动（但很快恢复零水平），其他制造业行业的 TPU 保持在零水平。2016—2017 年，纺织业、印刷业和记录媒介的复制、造纸业及纸制品业、农副食品加工业的 TPU 有轻微的上升，其他制造业行业仍然维持在零水平；食品制造业的 TPU 不再是持续下降，而是从 1997 年开始有显著的上升，从 2000 年才恢复下降趋势。

不同的是，与 1997—2000 年中国和澳大利亚间农副食品加工业的 TPU 不降反升相比，中国和巴基斯坦间农副食品加工业的 TPU 呈显著下降趋势，虽然在 1999—2000 年有轻微的回升，但并不影响其下降趋势；2000—2001 年，中国和巴基斯坦间 TPU 下降幅度最大的是食品制造业，达到 73.20（见表 2－5）。

表 2－5　中国与巴基斯坦间制造业行业的 TPU

行业	签订自贸协定前		签订自贸协定后			Δ
	1996 年	2000 年	2001 年	2016 年	2017 年	
农副食品加工业	59.30	36.03	0.11	0.44	0.88	－59.19
食品制造业	26.41	73.20	0.00	0.00	0.11	－26.41
饮料制造业	105.37	72.68	0.00	0.00	0.00	－105.37
烟草制品业	—	130.00	—	—	—	—
纺织业	31.24	32.34	19.87	10.40	26.81	－11.37
纺织服装、鞋、帽制造业	83.71	52.91	0.00	0.00	0.00	－83.71
皮革、毛皮、羽毛/绒及其制品业	29.84	15.68	0.00	0.00	0.00	－29.84
木材加工及木、竹、藤、棕、草	41.75	27.00	0.01	0.99	0.00	－41.74
家具制造业	95.00	44.00	0.00	0.00	0.00	－95.00
造纸业及纸制品业	34.81	25.59	0.00	0.33	3.48	－34.81
印刷业和记录媒介的复制	49.73	26.82	0.00	0.00	7.91	－49.73
文教体育用品制造业	72.09	34.78	0.02	0.00	0.00	－72.07

续表

行业	签订自贸协定前		签订自贸协定后			Δ
	1996 年	2000 年	2001 年	2016 年	2017 年	
石油加工、炼焦及核燃料加工业	19.78	16.07	0.00	0.00	0.00	-19.78
化学原料及化学制品制造业	32.81	25.38	0.01	0.01	0.01	-32.80
医学制造业	22.34	18.23	0.00	0.00	0.00	-22.34
化学纤维制造业	44.04	34.47	0.00	0.00	0.00	-44.04
橡胶制品业	40.72	29.56	0.01	0.00	0.00	-40.71
塑料制品业	55.11	32.46	0.00	0.00	0.00	-55.11
非金属矿物制品业	37.79	34.41	0.00	0.00	0.00	-37.79
黑色金属冶炼及压延加工业	16.42	15.10	0.00	0.00	0.00	-16.42
有色金属冶炼及压延加工业	30.61	27.46	0.00	0.00	0.00	-30.61
金属制品业	45.16	44.62	0.03	0.00	0.00	-45.13
通用设备制造业	37.80	27.55	0.00	0.16	0.00	-37.80
专用设备制造业	29.76	25.36	0.00	0.00	0.00	-29.76
交通运输设备制造业	32.43	28.94	0.00	0.00	0.00	-32.43
电气机械及器材制造业	32.15	28.98	0.00	0.02	0.00	-32.15
通信设备、计算机及其他电子设备	23.52	22.82	0.01	0.00	0.00	-23.51
仪器仪表及文化、办公用机械	25.56	24.53	0.00	0.00	0.00	-25.56
均值	42.79	35.96	0.74	0.46	1.45	-42.05

注："—"表示缺失，"Δ"表示 2001 年和 1996 年的 TPU 差额。
资料来源：根据 WITS 数据库中关税和贸易数据计算得到。

四　全球贸易协定格局面临重构

无论是从方式还是内容来看，全球贸易协定格局将进入新一轮的重构阶段。

首先，一系列双边和区域贸易协定仍处在调整和推进过程中，势必对全球性多边贸易体系造成挑战。自 2007—2019 年，全球共有 18 份签署并生效的双边和区域贸易协定，4 份已完成谈判并进入立法机构审批的贸易协定，26 份正处于谈判阶段的贸易协定。[①] 这些数据一

① 资料来源：https：//www.wto.org。

方面说明越来越多的国家重视贸易协定；另一方面也意味着，原有的全球性多边贸易体系并不能满足国际社会对贸易规则制度的需求，并且面临着越来越多的挑战（张丽娟，2019）。随着贸易的发展，贸易政策已经成为各国外交政策的主要内容，与地缘政治紧密相连，并被当作政治或政策工具。越来越多的双边或区域贸易协定，盘根错节，意味着越来越复杂的国际政治和经贸环境。如何增强双边或区域贸易协定之间的包容、实现影响力稳中求增，是全球性多边贸易协定面临的挑战。

其次，保护主义、单边利己主义横行，威胁全球多边贸易格局。随着全球化的发展，世界各国，尤其是贸易大国，对国际市场、国际资本和国际技术的依赖达到了空前的程度。一个国家一旦出现问题，很容易将问题的根源归于国际贸易（张丽娟，2019）。比如，美国总统特朗普认为，美国的就业问题和持续的贸易不平衡问题都是“不公平的贸易”导致的（Handley and Limão，2017a）。特朗普自当选美国总统以来，强调单边利己主义和“美国优先”，并以“一己之利”撬动了全球贸易协定格局。无论是区域贸易组织，还是全球性贸易组织，都在美国的搅动下进入改革重构阶段。2017 年 1 月，美国宣布退出 TPP。2018 年 12 月，在特朗普的主导下，NAFTA 被美墨加三国协定（USMCA）取代。2019 年，由于美国的阻挠，WTO 争端解决机制陷入“停摆”。这些都是美国追求自身利益最大化、罔顾全球发展的霸权利己行为，威胁着全球的多边贸易体系格局。

最后，全球性多边贸易体系的存续面临危机。作为全球性多边贸易体系，WTO 已经有 164 个成员，且成员之间的贸易额占世界总贸易额的 98%。[①] 诚然，WTO 是当前最重要的国际经济组织之一，但是目前其存续面临着重大改革危机。改革旧体系，比如农产品贸易，规制新议题，比如数字贸易，都是 WTO 改革需解决的主要问题。更重要的是，由于美国的阻挠，WTO 争端解决机制已陷入“停

① 资料来源：https：//www. wto. org。

摆”。事实上，美国在 WTO 框架下获得的收益最大。[①] 但是，美国仍不顾全球经贸发展，阻挠 WTO 上诉机构开启法官甄选程序。诚然，WTO 的改革势在必行，但是 WTO 争端解决机制的“停摆”给世界经贸发展带来了极度的不确定性。更重要的是，欧盟方面已经与加拿大和挪威就贸易争端解决机制达成协议，其他国家，比如巴西也有意加入。纵观贸易协定历史，任何临时协议都有可能发展为最终的协议，所以欧盟等国家和地区的这一临时的争端解决机制极有可能成为最终的协议，如此一来，WTO 将形同虚设。

第三节　全球化背景下的贸易利益分配不平等

第二次经济全球化浪潮始于 1950 年，并在 1990 年之后进入高潮期，到 2008 年以国际贸易规模的“断崖式”下降为标志被迫中断。在步入 21 世纪后，全球经济快速增长，但在 2008 年国际金融危机爆发后，全球经济呈“断崖式”下跌，部分国家和地区甚至出现负增长，经济复苏缓慢是发达经济体的整体特征。国际经济领域的著名学者丹尼尔·罗德里克曾提出基于“全球化的不可能三角”理论的假说，即民主政治、国家主权和经济全球化的不可能三角。他认为，经济全球化后，贸易条件波动的外生性和本国出口品类的集中度不因本国意志而改变，这便使本国收入及消费所面临的不确定性和风险增加。当全球化发展到一定程度后，会出现贸易利益分配不公。英国“脱欧”，以及美国政府否定经济全球化的理念、退出 TPP、退出巴黎协定和联合国教科文组织、颁布“禁穆令”和威胁退出 WTO 的行为，都在一定程度上反映了“全球化的不可能三角”，均是对全球化背景下的贸易利益分配不平等的抗议。

① 资料来源：德国智库贝塔斯曼基金会的最新报告《25 岁的 WTO》。

一 贸易利益国际分配不平等

关于贸易是否有收益以及如何分配这些收益的问题，是国际经济学中最古老、最基本的两个问题。经济学家所倡导的基本洞察力是，在完美市场的假设下，整个国家明确地获益。在产品多样性和规模经济不重要的不完全竞争中，国家整体也能从贸易中获利（Helpman and Krugman，1985）。但是，Behrens 和 Murata（2012）从产品多样化和产品价格角度分析全球化对个体贸易收益的影响时发现，国家能否从贸易中获利，取决于其收入水平。一方面，在国家间存在收入不均的情况下，贸易对产品多样化的影响取决于它们在世界收入分配中的相对地位。在低收入国家，消费产品的多样性总是在扩大，而在高收入国家，消费产品的多样性可能会缩小。另一方面，两国之间的贸易总是会降低产品价格，因此，收入较低国家的所有个人都能从贸易中获益，因为价格较低，消费产品更多样化。至于收入较高的国家，可能出现两种情况：当其与贸易伙伴的平均收入足够接近时，品种的范围会扩大，价格会下降，从而所有消费者都能受益；当其贸易伙伴的平均收入足够低时，品种的范围会缩小，价格会下降，高收入国家的个人是否获益取决于他们在国内收入分配中的地位。以表2－6中美国受损的消费者比例为例，在与收入水平相当的澳大利亚和加拿大的贸易中，美国受损的消费者比例为0，而与低收入国家约旦、智利和墨西哥的贸易中，美国受损的消费者比例分别为10.30%、2.15%和0.54%。

表2－6　美国与贸易伙伴的贸易利益分配不平等

贸易伙伴	签订自由贸易协定的时间	受到损失的美国消费者比例（%）
以色列	1985年8月19日	0.00
加拿大	1988年10月4日	0.00
墨西哥	1994年1月1日	0.54

续表

贸易伙伴	签订自由贸易协定的时间	受到损失的美国消费者比例（%）
约旦	2001 年 12 月 17 日	10.30
智利	2004 年 1 月 1 日	2.15
澳大利亚	2005 年 1 月 1 日	0.00

资料来源：根据 Behrens 和 Murata（2012）中表 2 整理得到。

二　贸易利益经济体内个体间分配不平等

众所周知，贸易改变了一些广泛“阶级”的收入分配，例如工人和资本所有者（Jones，1965）。但是，贸易也会损害特定群体，对特定资源的所有者造成不利影响，比如进口竞争行业（Jones，1971）。在认识到全球化背景下国际贸易利益分配可能不公平，以及贸易对特定群体利益的损害之后，以 Fajgelbaum、Khandelwal 为代表的学者，尝试从理论模型和经验分析中探究经济体内贸易利益分配是否平等的问题。Fajgelbaum 和 Khandelwal（2016）采用 AIDS 构建了多国多部门模型，发现美国、意大利、日本、墨西哥、澳大利亚、印度和加拿大等 40 个经济体内都存在贸易利益的个体分配不平等问题。消费者的贸易收益，以其在贸易转向封闭过程中的实际收入损失来表示。表 2－7 报告了消费者收入和偏好异质性假设条件下每个经济体内收入水平在 10 分位数、50 分位数和 90 分位数的消费者的贸易收益，以及代表性消费者假设条件下每个经济体的消费者平均贸易收益。

表 2－7　　贸易利益经济体内分配不平等　　单位：%

经济体	异质性消费者				代表性消费者
	(1)	(2)	(3)	(4)	(5)
	10 分位	50 分位	90 分位	Δ	平均水平
澳大利亚	56	31	5	51	8
奥地利	74	58	37	37	42
比利时	81	68	46	35	51
保加利亚	81	65	45	36	50

续表

经济体	异质性消费者				代表性消费者
	(1)	(2)	(3)	(4)	(5)
	10 分位	50 分位	90 分位	Δ	平均水平
巴西	69	28	2	67	2
加拿大	69	49	25	44	30
中国	53	23	5	48	6
塞浦路斯	78	62	39	39	44
捷克	77	65	47	30	51
德国	65	46	22	43	27
丹麦	67	47	21	46	26
西班牙	64	41	14	50	19
爱沙尼亚	85	70	46	39	51
芬兰	71	51	24	47	30
法国	55	35	12	43	16
英国	65	41	10	55	16
希腊	74	51	20	54	27
匈牙利	87	78	65	22	68
印度尼西亚	29	11	3	26	4
印度	27	12	6	21	6
爱尔兰	72	51	23	49	28
意大利	63	38	9	54	15
日本	60	32	3	57	7
韩国	64	40	12	52	17
立陶宛	91	81	64	27	68
卢森堡	72	55	31	41	36
拉脱维亚	79	60	34	45	40
墨西哥	75	47	20	55	24
马耳他	87	77	62	25	65
荷兰	70	52	26	44	32
波兰	71	49	24	47	29
葡萄牙	77	55	23	54	30
罗马尼亚	75	55	32	43	37

续表

经济体	异质性消费者				代表性消费者
	(1)	(2)	(3)	(4)	(5)
	10 分位	50 分位	90 分位	Δ	平均水平
俄罗斯	70	41	14	56	18
斯洛伐克	86	78	65	21	68
斯洛文尼亚	82	70	53	29	57
瑞典	63	45	22	41	27
土耳其	67	36	8	59	12
中国台湾	81	64	38	43	43
美国	82	50	6	76	10.7
均值	70	50	27	43	31

注："Δ"表示收入在 10 分位和 90 分位的消费者的贸易收益差异，即列（1）减去列（3）的值。

资料来源：根据 Fajgelbaum 和 Khandelwal（2016）中表 4 整理得到。

一方面，代表性消费者假设会导致消费者贸易利益估计的偏误。比较代表性消费者和异质性消费者假设条件下消费者的贸易利益，可以发现，几乎所有经济体内收入水平在 10 分位数和 50 分位数的消费者贸易收益要高于代表性消费者的贸易收益，而收入在 90 分位数的消费者贸易收益要低于代表性消费者。这说明代表性消费者假设，既不符合实际，也易导致消费者贸易利益分配的错判。基于偏好和收入异质性假设的理论模型，能够更准确地反映消费者的贸易利益分配问题。

另一方面，贸易利益在富人和穷人之间的分配是不平等的，收入水平越高，所获得的贸易利益越高。比较列（1）、列（2）、列（3）可以发现，所有经济体，不论经济发达与否，其收入在 10 分位数的消费者的贸易收益要高于收入在 50 分位数的消费者，而收入在 50 分位数的消费者的贸易收益要高于收入在 90 分位数的消费者。在 Fajgelbaum 和 Khandelwal（2016）选择的 40 个经济体中，美国的贸易利益个体分配不平等最严重，其收入在 10 分位数的消费者的贸易收益比收入在 90 分位数的消费者高 76%。巴西的贸易利益个体分配不平等程度次于美国，其收入在10分位数的消费者的贸易收益比收入在90分位数的消费者高67%。贸易利益个体分配不平等程度最低的是印度和斯洛伐克，两个经济体内，收入在10分位数的消费者的贸易收益仅比收入在90分位数的消费者高21%。中国的贸易利益个体分配不平等程度较为严重，收入在10分位数的消费者的贸易收益仅比收入在90分位数的消费者高48%，在40个经济体内排15名。

本章小结

随着全球经济增长压力大增，贸易保护主义、民粹主义和霸权主义横行，21世纪的世界经济进入历史上绝无仅有的超级不确定性时代。金融危机诱导因素增多，恐怖袭击、局部冲突和战争频发，自然灾害和流行性疾病肆虐，石油和粮食危机日益严峻，全球贸易和政治摩擦不断，世界经济的极度不确定性有逐渐加重的趋势，任何冲击都有可能导致不确定性再创新高。

纵观贸易协定的发展史，更全面的贸易协定对贸易的正面影响更大，而覆盖面更广、更开放的贸易政策将是未来的发展趋势。随着世界变得更加一体化，相对于降低贸易壁垒水平所带来的收益，TPU下降所带来的收益更加重要，而通过签订优惠贸易协定，实施开放型贸易政策，构建开放型世界经济，可以降低贸易层面的不确定性，为企业提供增加收益的条件（Limão and Maggi，2015）。无论是全球性贸易协定WTO，还是区域贸易协定APTA，抑或是双边贸易协定（中澳自由贸易协定和中巴自由贸易协定），都极大地降低了中国面临的TPU。多边和双边贸易协定下，中国面临的TPU下降幅度略有差异，而且行业表现也不尽相同。WTO和亚太贸易协定下，中国面临的TPU趋势线几乎重合。中澳自由贸易协定下中国面临的TPU下降幅度最大，而中巴自由贸易协定下中国面临的TPU下降幅度最小。这些发现都说明了两点：其一，优惠贸易协定确实能够降低贸易政策不确定性；其二，多边贸易协定降低贸易政策不确定性的作用大于双边贸易协定。此外，由于保护主义、单边利己主义横行，全球贸易协定格局面临重构。

虽然全球化背景下的自由贸易为参与国创造了大量的社会福利，但是，全球化的高潮期都伴随收入不平等的加剧，全球化福利在各个产业部门、利益群体和地域间的分布都是极为不均衡的（Behrens and Murata，2012）。这便导致了国家整体福利提升与部分地区和人群整体福利损失并存的矛盾，进而推动了“逆全球化”思潮。更清晰地认识全球化背景下的贸易利益个体分配，为应对“逆全球化”思潮以及由此导致的极度不确定性，具有重要的现实意义。

第三章

TPU与贸易利益个体分配理论分析Ⅰ:两国情形

政策不确定性影响研究的理论基础主要有两方面：不确定性和进入成本。不确定性是指投资环境信息的不确定，包括政策、经济状态、要素市场价格、产品市场价格等方面信息的不确定。与投资相关的信息可分为两类，一类是已知的，另一类是企业投资之后方可获得的，后者往往是风险的来源，也是无法避免的。Knight（1921）、Hart（1942）认为还存在第三类信息，企业目前没有掌握，但是观望一段时间后，便可以获得，这类信息是不确定性的来源，可以通过延迟投资来避免。进一步地，Dixit（1989）指出，企业进入市场前必须支付一定的进入成本，Roberts 和 Tybout（1997）的经验研究同样证实了出口市场进入成本的存在，这说明企业进入市场的投资具有不可逆的特点。基于投资不可逆和信息不确定，Bernanke（1983）将企业的投资行为转换成随机动态优化问题，在每一期潜在投资者都需要在即期投资和延期投资中做出最优的选择。然而，任何选择都要付出一定的代价，延期投资的代价是产出损失或者成本的增加，而即期投资的代价是，投资后获得的信息可能是对其投资决定的否决。因此，企业的投资选择具有期权价值特征：如果企业预期收益的折现值低于成本（包括进入成本），企业会推迟进入市场或者持观望态度；相反，如果企业预计收益的折现值大于成本，企业才可能选择进入市场。外部环境的不确定性导致企业的收益也是不确定的。一旦外部环境不确定性下降，企业预期利润折现值高于投资沉淀成本，企业便开始投资。

基于 Knight（1921）、Hart（1942）的信息不确定性，Bernanke（1983）的随机动态优化以及 Dixit（1989）的沉淀成本理论，学术界开启了不确定性的理论和经验研究。在不确定性研究的初期，大多数文献集中分析经济不确定性的影响，比如 Baldwin 和 Krugman（1989）在局部均衡模型中，分析了汇率的不确定性对企业进入和退出的影响。经济不确定性的研究成果，为贸易政策不确定性的理论和经验研究提供了一定的参考。自 Handley（2014）基于异质性企业模型框架，探讨贸易政策不确定性如何影响企业出口动态变化之后，与之相关的理论和经验研究才逐渐展开和丰富。与经济不确定性相似，贸易政策不确定性也会使企业延迟投资，从而影响贸易活动（Limão and Maggi，2015）。可以说，贸易政策不确定性的研究，既引领了不确定性研究的新方向，也开启了贸易政策研究的新征程。

本章从两国情形入手，构建消费者异质性和企业异质性框架下的贸易政策不确定性与贸易利益个体分配的理论模型。本书分析的前提是，经济体内不同收入水平的消费者，由于偏好不同，可能在不同来源或不同行业的商品中拥有不同的支出份额。在一般均衡中，贸易政策变化通过两个渠道影响消费者福利：其一，直接改变最终品进口的价格、质量或种类；其二，通过改变中间投入品进口的价格，间接影响经济体内生产商品的生产成本。本章主要分析直接途径，从贸易政策不确定性影响出口国企业生产角度入手，分析贸易政策不确定性对进口国消费者个体福利及分配的影响。更重要的是，这为分析间接效应提供了理论基础。

第一节 基本模型设定

一 需求侧模型设定

借鉴 Osharin 等（2014），本书构建如下效用函数：

$$U(\omega)=\left\{\int_{i\in\mathbf{\Omega}_h}[x_i^h(\omega)]^{\frac{\sigma(\omega)-1}{\sigma(\omega)}}\mathrm{d}i+\int_{i\in\mathbf{\Omega}_m}[x_i^m(\omega)]^{\frac{\sigma(\omega)-1}{\sigma(\omega)}}\mathrm{d}i\right\}^{\frac{\sigma(\omega)}{\sigma(\omega)-1}}$$

假设所有商品都是不可分割的，$\mathbf{\Omega}_h$、$\mathbf{\Omega}_m$ 分别表示国内生产和进口的连续的商品统，$i\in(\mathbf{\Omega}_h,\mathbf{\Omega}_m)$。消费者 ω 对国内品和进口品的消费量分别为 $x_i^h(\omega)$、$x_i^m(\omega)$，国内品和进口品价格分别是 p_i^h、p_i^m。$\sigma(\omega)$ 是消费者 ω 的替代弹性，反映了消费者的偏好。$y(\omega)$ 是消费者 ω 的收入（每个效率单位的工资标准化为1）。消费者效用最大化的约束条件是：

$$\int_{i\in\mathbf{\Omega}_h}p_i^h x_i^h(\omega)\,\mathrm{d}i+\int_{i\in\mathbf{\Omega}_m}p_i^m x_i^m(\omega)\,\mathrm{d}i=y(\omega)$$

由于消费者的收入不同，因而消费者的收入边际效用 λ 也不同。构建拉格朗日函数：

$$\Gamma=U(\omega)+\lambda(\omega)\left[y(\omega)-\int_{i\in\mathbf{\Omega}_h}p_i^h x_i^h(\omega)\,\mathrm{d}i-\int_{i\in\mathbf{\Omega}_m}p_i^m x_i^m(\omega)\,\mathrm{d}i\right]$$

所以：

$$\frac{\partial\Gamma}{\partial x_i^h(\omega)}=[U(\omega)]^{\frac{1}{\sigma(\omega)}}[x_i^h(\omega)]^{\frac{-1}{\sigma(\omega)}}-\lambda(\omega)p_i^h=0$$

$$\frac{\partial\Gamma}{\partial x_i^m(\omega)}=[U(\omega)]^{\frac{1}{\sigma(\omega)}}[x_i^m(\omega)]^{\frac{-1}{\sigma(\omega)}}-\lambda(\omega)p_i^m=0$$

进而可以得到：

$$x_i^h(\omega)=U(\omega)[\lambda(\omega)p_i^h]^{-\sigma(\omega)} \tag{3-1}$$

$$x_i^m(\omega)=U(\omega)[\lambda(\omega)p_i^m]^{-\sigma(\omega)} \tag{3-2}$$

将式（3-1）和式（3-2）代入约束函数中，则：

$$\int_{i\in\Omega_h} p_i^h U(\omega)\left[\lambda(\omega)\, p_i^h\right]^{-\sigma(\omega)} \mathrm{d}i + \int_{i\in\Omega_m} p_i^m U(\omega)\left[\lambda(\omega)\, p_i^m\right]^{-\sigma(\omega)} \mathrm{d}i = y(\omega)$$

所以：

$$\left[\lambda(\omega)\right]^{-\sigma(\omega)} = \frac{y(\omega)}{U(\omega)\left[\int_{i\in\Omega_h}(p_i^h)^{1-\sigma(\omega)}\mathrm{d}i + \int_{i\in\Omega_m}(p_i^m)^{1-\sigma(\omega)}\mathrm{d}i\right]} \tag{3-3}$$

将式（3-3）代入式（3-1）和式（3-2）中，则：

$$x_i^h(\omega) = \frac{y(\omega)\,(p_i^h)^{-\sigma(\omega)}}{\int_{i\in\Omega_h}(p_i^h)^{1-\sigma(\omega)}\mathrm{d}i + \int_{i\in\Omega_m}(p_i^m)^{1-\sigma(\omega)}\mathrm{d}i} \tag{3-4}$$

$$x_i^m(\omega) = \frac{y(\omega)\,(p_i^m)^{-\sigma(\omega)}}{\int_{i\in\Omega_h}(p_i^h)^{1-\sigma(\omega)}\mathrm{d}i + \int_{i\in\Omega_m}(p_i^m)^{1-\sigma(\omega)}\mathrm{d}i} \tag{3-5}$$

消费者 ω 的价格指数 $P(\omega)$ 满足：

$$P(\omega) = \left\{\int_{i\in\Omega_h}(p_i^h)^{1-\sigma(\omega)}\mathrm{d}i + \int_{i\in\Omega_m}(p_i^m)^{1-\sigma(\omega)}\mathrm{d}i\right\}^{\frac{1}{1-\sigma(\omega)}} \tag{3-6}$$

因此，消费者 ω 对国内品和进口品的需求量可以改写为：

$$x_i^h(\omega) = \frac{y(\omega)\,(p_i^h)^{-\sigma(\omega)}}{\left[P(\omega)\right]^{1-\sigma(\omega)}} \tag{3-7}$$

$$x_i^m(\omega) = \frac{y(\omega)\,(p_i^m)^{-\sigma(\omega)}}{\left[P(\omega)\right]^{1-\sigma(\omega)}} \tag{3-8}$$

假设用 ω 标记的消费者有 N 种，ω 型消费者被赋予了 $y(\omega)$ 单位有效劳动（每个效率单位的工资标准化为 1）。如果将 $\alpha(\omega)$ 表示为总数量 L 中 ω 型消费者的比例，则经济体中总的有效单位劳动力供给为 $L\sum_{1}^{N}\alpha(\omega)\,y(\omega)$。那么所有消费者对产品 i 的需求量满足：

$$X_i^h = L\sum_{1}^{N}\alpha(\omega)\,\frac{y(\omega)\,(p_i^h)^{-\sigma(\omega)}}{\left[P(\omega)\right]^{1-\sigma(\omega)}}$$

$$X_i^m = L\sum_1^N \alpha(\omega)\frac{y(\omega)(p_i^m)^{-\sigma(\omega)}}{[P(\omega)]^{1-\sigma(\omega)}}$$

二 供给侧模型设定

借鉴 Melitz（2003），假设市场结构为垄断竞争，劳动是唯一的要素。企业 i 只生产一种产品 i，生产率为 $\varphi_i = \frac{1}{c_i}$，其中 c_i 是边际成本。每个企业生产的产品均是异质的。φ 是随机变量，假定 φ 的分布函数是 $G(\varphi)$，密度函数是 $g(\varphi)$。知道自己的生产率后，企业既可以立刻退出，也可以继续生产。如果继续生产，以后每一期都将面临退出的风险，且每一期都以 $1-\beta$ 的概率退出行业。对于出口市场，关税为从价税 $\tau_i \geqslant 1$，出口成本为从价成本 $d \geqslant 1$，同时假设国内生产者在其市场上不征税。进口品的消费价格 p_i^m 中包含从价税 $\tau_i \geqslant 1$，所以国外出口商的产品价格为 $\frac{p_i^m}{\tau_i}$。国内企业和国外企业利润分别为：

$$\pi_i^h = (p_i^h - c_i^h)L\sum_1^N \alpha(\omega)\frac{y(\omega)(p_i^h)^{-\sigma(\omega)}}{[P(\omega)]^{1-\sigma(\omega)}}$$

$$\pi_i^m = \left(\frac{p_i^m}{\tau_i} - dc_i^m\right)L\sum_1^N \alpha(\omega)\frac{y(\omega)(p_i^m)^{-\sigma(\omega)}}{[P(\omega)]^{1-\sigma(\omega)}}$$

根据企业利润最大化的一阶条件 $\frac{\partial\pi_i^h}{\partial p_i^h} = 0$ 和 $\frac{\partial\pi_i^m}{\partial p_i^m} = 0$，可以得到均衡价格：

$$p_i^h = \frac{\sum_1^N \sigma(\omega)\frac{\alpha(\omega)y(\omega)(p_i^h)^{1-\sigma(\omega)}}{[P(\omega)]^{1-\sigma(\omega)}}}{\sum_1^N[\sigma(\omega)-1]\frac{\alpha(\omega)y(\omega)(p_i^h)^{1-\sigma(\omega)}}{[P(\omega)]^{1-\sigma(\omega)}}}c_i^h$$

$$p_i^m = \frac{\sum_1^N \frac{\sigma(\omega)\alpha(\omega)y(\omega)(p_i^m)^{1-\sigma(\omega)}}{[P(\omega)]^{1-\sigma(\omega)}}}{\sum_1^N[\sigma(\omega)-1]\frac{\alpha(\omega)y(\omega)(p_i^m)^{1-\sigma(\omega)}}{[P(\omega)]^{1-\sigma(\omega)}}}\tau_i dc_i^m$$

这里只考虑国内企业和国外企业在本国市场的利润，因为本书最终分析的是本国消费者贸易利益分配，只需求出本国消费者面临的国内品价格和进口品价格。事实上，是否考虑国内企业的出口利润和国外企业在其国内的销售利润，不影响均衡价格结果。结合式（3－7）和式（3－8），可以发现：

$$z_i^h(\omega)=\frac{\alpha(\omega)\,y(\omega)\,(p_i^h)^{1-\sigma(\omega)}}{[P(\omega)]^{1-\sigma(\omega)}}=p_i^h x_i^h(\omega)$$

$$z_i^m(\omega)=\frac{\alpha(\omega)\,y(\omega)\,(p_i^m)^{1-\sigma(\omega)}}{[P(\omega)]^{1-\sigma(\omega)}}=p_i^m x_i^m(\omega)$$

其中，$z_i^h(\omega)$ 和 $z_i^m(\omega)$ 分别表示以 ω 标记的消费者对某种国内品和进口品的支出，所以可将均衡价格改写为：

$$p_i^h=\frac{\sigma_i^h}{\sigma_i^h-1}c_i^h \tag{3-9}$$

$$p_i^m=\frac{\sigma_i^m}{\sigma_i^m-1}\tau_i d c_i^m \tag{3-10}$$

其中，σ_i^h 和 σ_i^m 是以所有消费者对产品 i 的支出为权重得到的平均替代弹性，满足 $\sigma_i^h=\frac{\sum_1^N \sigma(\omega) z_i^h(\omega)}{\sum_1^N z_i^h(\omega)}$，$\sigma_i^m=\frac{\sum_1^N \sigma(\omega) z_i^m(\omega)}{\sum_1^N z_i^m(\omega)}$，由此可得出结论：

结论 3.1：消费者消费商品的价格不仅取决于企业的边际成本、出口成本、关税，还取决于消费者的偏好和支出结构，而消费者的支出结构又反映了其偏好和收入。

将均衡价格代入企业利润表达式中，可以得到：

$$\pi_i^h=a_i^h e_i^h\,(c_i^h)^{1-\sigma_i^h} \tag{3-11}$$

$$\pi_i^m=a_i^m e_i^m\,(c_i^m)^{1-\sigma_i^m} \tag{3-12}$$

其中，$e_i^h=L\sum_1^N\frac{\alpha(\omega)\,y(\omega)\,(p_i^h)^{\sigma_i^h-\sigma(\omega)}}{[P(\omega)]^{1-\sigma(\omega)}}$，$e_i^m=L\times\sum_1^N\frac{\alpha(\omega)\,y(\omega)\,(p_i^m)^{\sigma_i^m-\sigma(\omega)}}{[P(\omega)]^{1-\sigma(\omega)}}$，$a_i^h=(\sigma_i^h)^{-\sigma_i^h}(\sigma_i^h-1)^{\sigma_i^h-1}$，$a_i^m=(\tau_i\sigma_i^m)^{-\sigma_i^m}\times$

$\left[\frac{(\sigma_i^m-1)}{d}\right]^{\sigma_i^m-1}$。$a_i^h$ 和 a_i^m 反映了消费者的整体偏好，e_i^h 和 e_i^m 反映了消费者的支出结构（e_i^h 和 e_i^m 可以改写为 z_i^h 和 z_i^m 的函数）。所以，如下结论是成立的：

结论3.2：在异质性消费者框架下，企业利润不仅取决于自身的边际成本，还取决于需求侧的消费者偏好和支出结构。

当所有消费者偏好完全相同，即 σ（ω）无限接近于平均偏好 σ_i^h 和 σ_i^m，且 $\sigma_i^h=\sigma_i^m=\sigma$，那么消费者价格指数 P（ω）也完全相同，式（3－9）、式（3－10）、式（3－11）和式（3－12）可以改写为：

$$p_i^h=\frac{\sigma}{\sigma-1}c_i^h \qquad (3-13)$$

$$p_i^m=\frac{\sigma}{\sigma-1}\tau_i dc_i^m \qquad (3-14)$$

$$\pi_i^h=(\sigma)^{-\sigma}\left[\frac{(\sigma-1)\ P}{c_i^h}\right]^{\sigma-1}Y \qquad (3-15)$$

$$\pi_i^m=(\tau_i\sigma)^{-\sigma}\left[\frac{(\sigma-1)\ P}{dc_i^m}\right]^{\sigma-1}Y \qquad (3-16)$$

其中，$Y=L\sum_{1}^{N}\alpha(\omega)\ y(\omega)$ 是经济体中总的有效单位劳动力供给。

三　贸易政策不确定性

（一）假设条件

在 t 期初，市场上存活的企业可以知道下列信息：上一期（$t-1$ 期）活跃的公司，目前实现的政策以及 t 期初所有模型参数。将这些信息定义为期初的状态：a_s。根据已知的信息，企业做出对未来利润的理性预期。进入市场存在沉淀成本 K，且是外生变量。如果进入出口市场可以使企业未来的预期利润最大化，企业选择进入出口市场的概率为 $\beta<1$，且 β 是外生变量。同时假设没有周期性的固定成本，因而没有内生性的企业退出市场。由于沉没成本和边际成

本是已知的且不变的，唯一的不确定性来源是市场条件的期望价值和企业的存活时间。

（二）政策制度

借鉴 Handley 和 Limão（2017b），本书将关税分为三类：τ_m（$m=0$，1，2）。其中 τ_2 是高保护程度关税，τ_1 是中保护程度关税，τ_0是低保护程度关税，满足 $\tau_1 \in [\tau_0, \tau_2]$。这种假设可以捕捉三种贸易政策情况：在双边或多边贸易协定下贸易保护增加的可能性微乎其微；虽然贸易政策在双边或多边贸易协定的约束下，但是贸易保护的增加有一定的可能性；由于缺乏双边或多边贸易协定，高水平的贸易保护随时可能出现（包括贸易战甚至完全封闭状态）。贸易政策制度服从马尔可夫随机过程 $\Lambda(\tau_m, \gamma)$，即在已知目前状态（现在）的条件下，它未来的演变（未来）不依赖于它以往的演变（过去）。为了解决核心问题，本书假设政策只有在中间状态才是不确定的，即 $\gamma>0$，其向高保护程度关税变化的可能性为 λ_2，向低保护程度关税变化的可能性为 $1-\lambda_2$，贸易政策变化是外生的。

第二节　小国情形

企业预期利润可以表示为：

$$\Pi_e(a_s, e_s, c_s)$$

$$=\pi(a_s, e_s, c, \gamma)+E_s\sum_{t=1}^{\infty}\beta^t\pi(a'_s, e'_s c_s, \gamma) \quad (3-17)$$

其中，E_s 表示在信息集 s 的条件下，未来可能的期望值。如果企业预计未来状态不会变化，即贸易政策是确定的，那么经济状况就不存在不确定性，也没有等待的期权价值。在这种情况下，如果企业的成本低于基准阈值 c_s^D，则企业进入出口市场。确定性条件下的企业利润可以表示为：

$$\Pi_e(a_s, e_s, c_s) = \sum_{t=0}^{\infty} \beta^t \pi(a_s, e_s, c) = \frac{\pi(a_s, e_s, c_s^D)}{1-\beta}$$

Alchian（1950）认为，当存在不确定性时，“利润最大化”毫无意义，“正利润”才是企业的追求。所以，本书在确定性条件和不确定性条件下，求出企业自由进入的边际成本阈值。当利润等同于沉没成本 K 时，国内企业和外国出口企业边际成本的基准阈值满足：

$$c_s^{hD} = \left[\frac{K^h(1-\beta)}{a_s^h e_s^h}\right]^{\frac{1}{1-\sigma_s^h}}$$

$$c_s^{mD} = \left[\frac{K^m(1-\beta)}{a_s^m e_s^m}\right]^{\frac{1}{1-\sigma_s^m}}$$

如果未来条件不确定，那么非出口企业必须决定是否在该期（t 期）进入或者等到条件改善之后再进入。借鉴 Handley 和 Limão（2017b），一个企业在状态 s 下的最优进入决策将最大化其期望值，由贝尔曼（Bellman）方程给出：

$$\begin{aligned}&\Pi(a_s, e_s, c_s, \gamma)\\&= \max\{\Pi_e(a_s, e_s, c_s, \gamma) - K, \beta E_s \Pi(a_s', e_s', c_s, \gamma)\}\end{aligned} \tag{3-18}$$

式（3-17）可以改写为：

$$\begin{aligned}&\Pi_e(a_s, e_s, c_s, \gamma)\\&= \pi(a_s, e_s, c_s) + \beta E_s \Pi_e(a_s', e_s', c_s, \gamma)\end{aligned} \tag{3-19}$$

将式（3-19）代入式（3-18），可以得到：

$$\Pi(a_s, e_s, c_s, \gamma) - \Pi_e(a_s, e_s, c_s, \gamma) + K = \max\{0, \beta E_s[\Pi(a_s', e_s', c_s, \gamma) - \Pi_e(a_s', e_s', c_s, \gamma)] - \pi(a_s, e_s, c_s) + K\}$$

令 $V_s = \Pi(a_s, e_s, c_s, \gamma) - \Pi_e(a_s, e_s, c_s, \gamma) + K$，可以得出 $V_s' = \Pi(a_s', e_s', c_s, \gamma) - \Pi_e(a_s', e_s', c_s, \gamma) + K$，所以：

$$V_s = \max\{0, \beta E_s V_s' - \pi(a_s, e_s, c_s) + K(1-\beta)\}$$

一　特殊情形

假设关税从中间状态 τ_1 开始变化（$s=1$），根据 $V_s=0$，不确定性条件下出口企业的利润满足：

$$\pi\ (a_1,\ e_1,\ c_1^U)\ +\gamma\lambda_2\beta\frac{\pi\ (a_2,\ e_2,\ c_1^U)}{1-\beta}=K\ (1-\beta)\ \left(1+\frac{\gamma\lambda_2\beta}{1-\beta}\right)\tag{3-20}$$

将 $\pi_i^h = a_i^h e_i^h\ (c_i^h)^{1-\sigma_i^h}$ 和 $\pi_i^m = a_i^m e_i^m\ (c_i^m)^{1-\sigma_i^m}$，以及 $c_s^{hD} = \left[\frac{K^h\ (1-\beta)}{a_s^h e_s^h}\right]^{\frac{1}{1-\sigma_s^h}}$ 和 $c_s^{mD}=\left[\frac{K^m\ (1-\beta)}{a_s^m e_s^m}\right]^{\frac{1}{1-\sigma_s^m}}$ 代入式（3-20）中，可以得到：

$$c_1^{hU}=\left[\frac{\left(1+\frac{\gamma\lambda_2\beta a_2^h}{1-\beta a_1^h}\cdot\frac{e_2^h}{e_1^h}\right)}{\left(1+\frac{\gamma\lambda_2\beta}{1-\beta}\right)}\right]^{\frac{1}{\sigma_1^h-1}}c_1^{hD}\tag{3-21}$$

$$c_1^{mU}=\left[\frac{\left(1+\frac{\gamma\lambda_2\beta a_2^m}{1-\beta a_1^m}\cdot\frac{e_2^m}{e_1^m}\right)}{\left(1+\frac{\gamma\lambda_2\beta}{1-\beta}\right)}\right]^{\frac{1}{\sigma_1^m-1}}c_1^{mD}\tag{3-22}$$

令 $\mu\ (\gamma)=\frac{\gamma\lambda_2\beta}{1-\beta}$，$\delta^h=\frac{a_2^h}{a_1^h}\cdot\frac{e_2^h}{e_1^h}$，$\delta^m=\frac{a_2^m}{a_1^m}\cdot\frac{e_2^m}{e_1^m}$，则 $U\ (\delta^h,\ \gamma)=\left\{\frac{[1+\mu\ (\gamma)\ \delta^h]}{[1+\mu\ (\gamma)]}\right\}^{\frac{1}{\sigma_1^h-1}}$，$U\ (\delta^m,\ \gamma)=\left\{\frac{[1+\mu\ (\gamma)\ \delta^m]}{[1+\mu\ (\gamma)]}\right\}^{\frac{1}{\sigma_1^m-1}}$，那么式（3-21）和式（3-22）可以改写为：

$$c_1^{hU}=U\ (\delta^h,\ \gamma)\ c_1^{hD}\tag{3-23}$$

$$c_1^{mU}=U\ (\delta^m,\ \gamma)\ c_1^{mD}\tag{3-24}$$

其中，δ^h 和 δ^m 分别表示国内企业和国外企业在关税从 τ_1 上升到 τ_2 后的利润变化，由关税、消费者偏好和支出结构共同决定。$U\ (\delta^h,\ \gamma)$和 $U\ (\delta^m,\ \gamma)$，分别衡量了国内市场上的企业和外国出口企业面临的不确定性。由于$\mu\ (\gamma)>0$ 是外生给定的，因此，确定性与不确定性条件下的边际成本阈值之间的关系取决于消费者偏好分布和支出结构。因此，可以得到以下结论：

结论3.3：贸易政策不确定性对企业进入和退出的影响受到需求

侧偏好和支出结构的影响，代表性消费者假设导致了贸易政策不确定性影响估计的偏误。

由此可见，需求侧结构对分析不确定性的影响是至关重要的，是不可忽视的。当且仅当 $\mu(\gamma)>0$，$\tau_2>\tau_1$ 时，如果 $\delta^h=\frac{a_2^h}{a_1^h}\cdot\frac{e_2^h}{e_1^h}<1$，$\delta^m=\frac{a_2^m}{a_1^m}\cdot\frac{e_2^m}{e_1^m}<1$，那么 $U(\delta^h,\gamma)<1$，$U(\delta^m,\gamma)<1$，即 $c_1^{hU}<c_1^{hD}$，$c_1^{mU}<c_1^{mD}$。这说明，不确定状态下的边际成本阈值低于确定状态下的边际成本阈值，企业进入将减少，企业退出将增加，可供消费者选择的产品种类数将下降。值得注意的是，这里容易混淆的是，中间状态才是不确定的，一旦关税真的变为 τ_2，那么 τ_2 就是确定性状态。事实上，本章讨论的便是中间这个不确定性条件下，未来关税降低或升高带来的影响。根据定义，$\delta^h=\frac{(\sigma_2^h)^{-\sigma_2^h}(\sigma_2^h-1)^{\sigma_2^h-1}}{(\sigma_1^h)^{-\sigma_1^h}(\sigma_1^h-1)^{\sigma_1^h-1}}\cdot\frac{\sum_1^N\frac{\alpha(\omega)y(\omega)(p_2^h)^{\sigma_2^h-\sigma(\omega)}}{[P(\omega)]^{1-\sigma(\omega)}}}{\sum_1^N\frac{\alpha(\omega)y(\omega)(p_1^h)^{\sigma_1^h-\sigma(\omega)}}{[P(\omega)]^{1-\sigma(\omega)}}}$，

$$\delta^m=\frac{(\tau_2\sigma_2^m)^{-\sigma_2^m}\left[\frac{(\sigma_2^m-1)}{d}\right]^{\sigma_2^m-1}}{(\tau_1\sigma_1^m)^{-\sigma_1^m}\left[\frac{(\sigma_1^m-1)}{d}\right]^{\sigma_1^m-1}}h\frac{\sum_1^N\frac{\alpha(\omega)y(\omega)(p_2^m)^{\sigma_2^m-\sigma(\omega)}}{[P(\omega)]^{1-\sigma(\omega)}}}{\sum_1^N\frac{\alpha(\omega)y(\omega)(p_1^m)^{\sigma_1^m-\sigma(\omega)}}{[P(\omega)]^{1-\sigma(\omega)}}}$$

。当所有消费者偏好相同 $[\sigma(\omega)=\sigma]$，$\delta^m=\left(\frac{\tau_1}{\tau_2}\right)^{\sigma}<1$，此时 $U(\delta^m,\gamma)<1$，$c_1^{mU}<c_1^{mD}$。可得到结论：

结论3.4：当不考虑消费者偏好差异时，贸易政策不确定性导致出口市场上企业边际成本阈值下降，企业进入将减少，消费者消费的产品种类数将下降。

由于 p_i^h 和 p_i^m 随 σ_i^h 和 σ_i^m 的上升而下降，随关税 τ_i 的上升而上升，所以不能直接判断关税上升后的价格变化。假设存在一种偏好分布，使关税上升后的整体偏好满足 $\sigma_2^m=\sigma_1^m$，$\sigma_2^h=\sigma_1^h$，则 $p_2^m>p_1^m$，

$p_2^h = p_1^h$。① 此时，δ^h 和 δ^m 可以改写为：

$$\delta^h = \frac{\sum_1^N \frac{\alpha(\omega)y(\omega)\left(\frac{\sigma_2^h}{\sigma_2^h - 1}c_i^h\right)^{-\sigma(\omega)}}{[P(\omega)]^{1-\sigma(\omega)}}}{\sum_1^N \frac{\alpha(\omega)y(\omega)\left(\frac{\sigma_1^h}{\sigma_1^h - 1}hc_i^h\right)^{-\sigma(\omega)}}{[P(\omega)]^{1-\sigma(\omega)}}} = 1$$

$$\delta^m = \frac{\sum_1^N \frac{\alpha(\omega)y(\omega)\left(\frac{\sigma_2^m}{\sigma_2^m - 1}\tau_2 dc_i^m\right)^{-\sigma(\omega)}}{[P(\omega)]^{1-\sigma(\omega)}}}{\sum_1^N \frac{\alpha(\omega)y(\omega)\left(\frac{\sigma_1^m}{\sigma_1^m - 1}\tau_1 dc_i^m\right)^{-\sigma(\omega)}}{[P(\omega)]^{1-\sigma(\omega)}}} < 1$$

由于 $U(\delta^h, \gamma) = 1$，$U(\delta^m, \gamma) < 1$，说明 $c_1^{hU} = c_1^{hD}$，$c_1^{mU} < c_1^{mD}$。所以可得到如下结论：

结论 3.5：假设存在一种异质性偏好分布（消费者个体的偏好分布离散度极度低），使得关税上升后的整体偏好满足 $\sigma_2^m = \sigma_1^m$，$\sigma_2^h = \sigma_1^h$，则 $U(\delta^h, \gamma) = 1$，$U(\delta^m, \gamma) < 1$，$c_1^{hU} = c_1^{hD}$，$c_1^{mU} < c_1^{mD}$，说明贸易政策不确定性导致出口市场上企业边际成本阈值下降，国外企业进入将减少，消费者消费的产品种类数将下降。

二 一般情形

根据确定条件下的边际成本阈值 $c_s^{hD} = \left[\frac{K^h\ (1-\beta)}{a_s^h e_s^h}\right]^{\frac{1}{1-\sigma_s^h}}$ 和 $c_s^{mD} = \left[\frac{K^m\ (1-\beta)}{a_s^m e_s^m}\right]^{\frac{1}{1-\sigma_s^m}}$，可以得到$\frac{c_1^{hD}}{c_s^{hD}} = \frac{\left[\frac{K^h\ (1-\beta)}{a_1^h e_1^h}\right]^{\frac{1}{1-\sigma_1^h}}}{\left[\frac{K^h\ (1-\beta)}{a_s^h e_s^h}\right]^{\frac{1}{1-\sigma_s^h}}}$，$\frac{c_1^{mD}}{c_s^{mD}} = \frac{\left[\frac{K^m\ (1-\beta)}{a_1^m e_1^m}\right]^{\frac{1}{1-\sigma_1^m}}}{\left[\frac{K^m\ (1-\beta)}{a_s^m e_s^m}\right]^{\frac{1}{1-\sigma_s^m}}}$。

---

① 结合结论 3.4，以及 Handley 和 Limao（2017*b*）的理论分析，当所有消费者的 $\sigma(\omega)$ 离散度极其低，以至 $\sigma(\omega)$ 无限接近于 σ，便存在 $\sigma_2^m = \sigma_1^m$，$\sigma_2^h = \sigma_1^h$，$e_2^m < e_1^m$。

推广到更一般的情形，相对于任何关税 τ_s 的确定条件下边际成本阈值，中间不确定条件下的边际成本阈值满足：

$$\frac{c_1^{hU}}{c_s^{hD}}=\frac{c_1^{hU}}{c_1^{hD}}\cdot\frac{c_1^{hD}}{c_s^{hD}}=U\ (\delta^h,\ \gamma)\ \frac{\left[\frac{K^h\ (1-\beta)}{a_1^h e_1^h}\right]^{\frac{1}{1-\sigma_1^h}}}{\left[\frac{K^h\ (1-\beta)}{a_s^h e_s^h}\right]^{\frac{1}{1-\sigma_s^h}}}$$

$$\frac{c_1^{mU}}{c_s^{mD}}=\frac{c_1^{mU}}{c_1^{mD}}\cdot\frac{c_1^{mD}}{c_s^{mD}}=U\ (\delta^m,\ \gamma)\ \frac{\left[\frac{K^m\ (1-\beta)}{a_1^m e_1^m}\right]^{\frac{1}{1-\sigma_1^m}}}{\left[\frac{K^m\ (1-\beta)}{a_s^m e_s^m}\right]^{\frac{1}{1-\sigma_s^m}}}$$

假设存在一种异质性偏好分布，使关税变化后的整体偏好满足 $\sigma_1^m=\sigma_s^m$，那么：

$$\frac{c_1^{hU}}{c_s^{hD}}=U\ (\delta^h,\ \gamma)\ \left(\frac{e_1^h}{e_s^h}\right)^{\frac{1}{\sigma_1^h-1}} \tag{3-25}$$

$$\frac{c_1^{mU}}{c_s^{mD}}=U\ (\delta^m,\ \gamma)\ \left(\frac{\tau_s}{\tau_1}\right)^{\frac{\sigma_1^m}{\sigma_1^m-1}}\left(\frac{e_1^m}{e_s^m}\right)^{\frac{1}{\sigma_1^m-1}} \tag{3-26}$$

如果 $\tau_s=\tau_0$，该表达式则捕捉了贸易政策从中间状态变化到状态 0（低保护水平状态）后实际关税和贸易政策不确定性（TPU）的下降。因此，即使有一定的可能性达成协议，在控制实际关税变化之后，该表达式仍然可以识别 TPU 的意外消除。当企业发现未来关税可能下降时，若其边际成本低于 c_0^D，企业会选择进入出口市场，消费者可购买的产品种类数将增加。

第三节　大国情形

在大国情形下，假设没有跨期借贷，那么消费者当期的支出必须等于其当期的收入。两国偏好相同，进而排除第三国效应。消费者对差异化产品的支出份额是固定的，所以价格指数是每个国家唯一不确定的内生变量。根据这些假设，贸易政策不确定性不会影响总支出，这使我们可以通过价格指数来观察贸易政策不确定性对贸易利益分配的影响。本节的思路是：首先求出价格指数与边际成本阈值之间的关系式，并将不确定性条件下的边际成本阈值变化代入价格指数表达式中，从而得到贸易政策不确定性条件下价格指数的变化。

在状态 s 下，消费者个体的价格指数满足：

$$[P_s(\omega)]^{1-\sigma(\omega)} = \int_{\Omega_s} (p_s)^{1-\sigma(\omega)} \mathrm{d}i = \int_{\Omega_{s,m}} \left(\frac{\sigma_s^m}{\sigma_s^m - 1}\tau d c_s^m\right)^{1-\sigma(\omega)} \mathrm{d}i + \int_{\Omega_{s,h}} \left(\frac{\sigma_s^h}{\sigma_s^m - 1} c_s^h\right)^{1-\sigma(\omega)} \mathrm{d}i$$

在决定进入之前，企业对预期价格指数形成理性预期：P_s^e。在均衡中，期望价格指数 P_s^e 等于实际价格指数 P_s。在每个时期 t 开始时，幸存的公司知道其成本 c_i，并且有一个共同知识信息集。该信息集包含如下信息：模型的固定外生参数，包括每个国家的存活率和潜在的不随时间变化的商品连续统 $\mathbf{\Omega}$；模型的结构，包括进入决策规则；目前政策的实现；前一时期每个市场上销售的均衡条件下的商品 $\mathbf{\Omega}_{t-1}$；状态 s 由 t 时期已经实现的政策和 $t-1$ 时期的商品 $\mathbf{\Omega}_{t-1}$ 共同组成。差异化商品需求向量 q_s，商品价格向量 P_s。消费者根据收入约束追求效用最大化，企业根据预算约束最大化利润。企业的要素禀赋、技术、工资、预期价格指数 P_s^e、政策制度 Λ、总收入和其他信息都是外生给定的。

对于任意的变量 A，定义 $\widehat{A}_s \equiv \frac{A_s}{A_b}$ 是状态 s 中某些结果 A 与其基线值的比率。沿用第二节的做法，将确定性条件下的变量作为基线，比如对于 $\tau = \tau_b$，因此 $A_b \equiv A(\tau_b, \gamma = 0)$。所以：

$$[\widehat{P}_s(\omega)]^{1-\sigma(\omega)} = [\widehat{P}_s^h(\omega)]^{1-\sigma(\omega)} \left[\frac{P_b^h(\omega)}{P_b(\omega)}\right]^{1-\sigma(\omega)}$$

$$+\left[\widehat{P}_s^m(\omega)\right]^{1-\sigma(\omega)}\left[\frac{P_b^m(\omega)}{P_b(\omega)}\right]^{1-\sigma(\omega)}$$

对于基期，消费者 ω 的进口支出为：

$$\int_{\Omega_{b,m}} p_i^m x_i^m(\omega)\,\mathrm{d}i=\frac{y(\omega)\left[P_b^m(\omega)\right]^{1-\sigma(\omega)}}{\left[P_b(\omega)\right]^{1-\sigma(\omega)}}$$

那么，消费者 ω 的进口支出在总支出中所占的份额为：

$$I(\omega)=\frac{\int_{\Omega_{b,m}} p_i^m x_i^m(\omega)\mathrm{d}i}{y(\omega)}=\frac{\left[P_b^m(\omega)\right]^{1-\sigma(\omega)}}{\left[P_b(\omega)\right]^{1-\sigma(\omega)}}$$

所以，可将总价格指数变化改写为进口品价格指数和国内生产产品价格指数的函数：

$$\left[\widehat{P}_s(\omega)\right]^{1-\sigma(\omega)}=I(\omega)\left[\widehat{P}_s^m(\omega)\right]^{1-\sigma(\omega)}+\left[1-I(\omega)\right]\left[\widehat{P}_s^h(\omega)\right]^{1-\sigma(\omega)} \tag{3-27}$$

假设企业生产率服从帕累托分布［$\sigma(\omega)<k+1$］，将均衡价格代入$\widehat{P}_s^m$和$\widehat{P}_s^h$表达式中，可以得到：

$$\left[\widehat{P}_s^m(\omega)\right]^{1-\sigma(\omega)}=(\widehat{\tau}_s)^{1-\sigma(\omega)}\left(\frac{\widehat{\sigma}_s^m}{\widehat{\sigma}_s^m-1}\right)^{1-\sigma(\omega)}(\widehat{c}_s^m)^{k+1-\sigma(\omega)}$$

$$\left[\widehat{P}_s^h(\omega)\right]^{1-\sigma(\omega)}=\left(\frac{\widehat{\sigma}_s^h}{\widehat{\sigma}_s^h-1}\right)^{1-\sigma(\omega)}(\widehat{c}_s^h)^{k+1-\sigma(\omega)}$$

进一步地，可以将式（3－27）的价格指数变化改写为：

$$\left[\widehat{P}_s(\omega)\right]^{1-\sigma(\omega)}=I(\omega)(\widehat{\tau}_s)^{1-\sigma(\omega)}\left(\frac{\widehat{\sigma}_s^m}{\widehat{\sigma}_s^m-1}\right)^{1-\sigma(\omega)}(\widehat{c}_s^m)^{k+1-\sigma(\omega)}+\left[1-I(\omega)\right]\left(\frac{\widehat{\sigma}_s^h}{\widehat{\sigma}_s^h-1}\right)^{1-\sigma(\omega)}(\widehat{c}_s^h)^{k+1-\sigma(\omega)} \tag{3-28}$$

式（3－28）对所有 s 都成立，其中 k 是帕累托参数。从式（3－28）中，可以得到如下结论：

结论3.6：消费者个体的贸易利益，不仅取决于其自身的偏好和支出结构，还取决于其他消费者的偏好和支出结构，以及关税和边际成本阈值的变化。

一　确定性政策基准

如果预计政策不会改变，即关税保持在 τ_1，那么价格指数是 $P_1^D = P(c_1^{mD}, c_1^{hD}, \tau_1, \sigma_1^m, \sigma_1^h)$，可以根据现在状态下的变量估计出 $P_1^{1-\sigma(\omega)}$。如果出口企业的成本低于 $c^{mD}(P_1^{mD}, \tau_1) = \left[\frac{K^m(1-\beta)}{a_1^m e_1^m}\right]^{\frac{1}{1-\sigma_1^m}}$，它将服务于出口市场；如果国内企业生产成本低于 $c_1^{hD}(P_1^{hD}) = \left[\frac{K^h(1-\beta)}{a_1^h e_1^h}\right]^{\frac{1}{1-\sigma_1^h}}$，它将服务于国内市场。每个公司为一个国家提供服务的投资与另一个国家的价格指数无关。

根据 $c_s^{hD} = \left[\frac{K^h(1-\beta)}{a_s^h e_s^h}\right]^{\frac{1}{1-\sigma_s^h}}$，$c_s^{mD} = \left[\frac{K^m(1-\beta)}{a_s^m e_s^m}\right]^{\frac{1}{1-\sigma_s^m}}$，$e_s^h = L \times \sum_1^N \frac{\alpha(\omega)\, y(\omega)\, (p_s^h)^{\sigma_s^h-\sigma(\omega)}}{[P(\omega)]^{1-\sigma(\omega)}}$，$e_s^m = L\sum_1^N \frac{\alpha(\omega)\, y(\omega)\, (p_s^m)^{\sigma_s^m-\sigma(\omega)}}{[P(\omega)]^{1-\sigma(\omega)}}$，$a_s^h = (\sigma_s^h)^{-\sigma_s^h}(\sigma_s^h-1)^{\sigma_s^h-1}$，$a_s^m = (\tau_s\sigma_s^m)^{-\sigma_s^m}\left[\frac{(\sigma_s^m-1)}{d}\right]^{\sigma_s^m-1}$，可以得到确定性条件下边际成本阈值的变化：

$$\hat{c}_s^{hD} = [K^h(1-\beta)]^{\widehat{\left(\frac{1}{1-\sigma_s^h}\right)}}\left[(\sigma_s^h)^{\widehat{\frac{\sigma_s^h}{1-\sigma_s^h}}}(e_s^h)^{\frac{1}{\sigma_s^h-1}}\right]\widehat{(\sigma_s^h-1)}$$

$$\hat{c}_s^{mD} = [K^m(1-\beta)]^{\widehat{\left(\frac{1}{1-\sigma_s^m}\right)}}\left[(\tau_s\sigma_s^m)^{\widehat{\frac{\sigma_s^m}{1-\sigma_s^m}}}(e_s^m)^{\frac{1}{\sigma_s^m-1}}\right]\widehat{(\sigma_s^m-1)}$$

将确定性条件下的边际成本阈值变化代入 $(\hat{P}_s)^{1-\sigma(\omega)}$ 式中，我们可以得到任何状态确定性条件 s 下的价格指数变化，其满足：

$$
\begin{aligned}
[\hat{P}_s^D(\omega)]^{1-\sigma(\omega)} &= I(\omega)\,(\hat{\tau}_s)^{1-\sigma(\omega)}\left(\frac{\hat{\sigma}_s^m}{\hat{\sigma}_s^m-1}\right)^{1-\sigma(\omega)} \\
&\times \left\langle \left\{[K^m\widehat{(1-\beta)}]^{\frac{1}{1-\sigma_s^m}}\right\}\left[(\tau_s\sigma_s^m)^{\widehat{\frac{\sigma_s^m}{1-\sigma_s^m}}}(e_s^m)^{\frac{1}{\sigma_s^m-1}}\right]\widehat{(\sigma_s^m-1)}\right\rangle^{k+1-\sigma(\omega)} \\
&+ [1-I(\omega)]\left(\frac{\hat{\sigma}_s^h}{\hat{\sigma}_s^h-1}\right)^{1-\sigma(\omega)}\left\langle\left\{[K^h\widehat{(1-\beta)}]^{\frac{1}{1-\sigma_s^h}}\right\}\right. \\
&\left.\times\left[(\sigma_s^h)^{\widehat{\frac{\sigma_s^h}{1-\sigma_s^h}}}(e_s^h)^{\frac{1}{\sigma_s^h-1}}\right]\widehat{(\sigma_s^h-1)}\right\rangle^{k+1-\sigma(\omega)}
\end{aligned}
$$

显然，如下结论是成立的：

结论 3.7：即使贸易政策是确定的，关税对消费者个体贸易利益的影响也受到需求侧的整体偏好（σ_s^m、σ_s^h）和支出结构（e_s^h、e_s^m）的影响。而且，在一定的需求侧消费者整体偏好和支出结构下，偏好 σ（ω）不同，消费者个体贸易利益受到关税的影响也不同。

这一点与 Porto（2006）和 Han 等（2016）分析关税对异质性消费者福利影响时的经验发现是一致的。进一步地，假设存在一种偏好分布（消费者偏好离散度低），使关税从 τ_1 上升到 τ_2 后的整体偏好 σ_i^h 和 σ_i^m 不变，且 $e_1^h > e_2^h$，$e_1^m > e_2^m$。由于 $\frac{\widehat{\sigma_1^m}}{\widehat{\sigma_s^m}-1} = \left(\widehat{\frac{\sigma_s^m}{\sigma_s^m-1}}\right)$，$\frac{\widehat{\sigma_s^h}}{\widehat{\sigma_s^h}-1} = \left(\widehat{\frac{\sigma_s^h}{\sigma_s^h-1}}\right)$，所以此时 $\frac{\widehat{\sigma_s^m}}{\widehat{\sigma_s^m}-1} = \frac{\widehat{\sigma_s^h}}{\widehat{\sigma_s^h}-1} = 1$，那么：

$$
\begin{aligned}
&[\widehat{P}_1^D(\omega)]^{1-\sigma(\omega)} \\
&= I(\omega)\,(\widehat{\tau}_1)^{1-\sigma(\omega)}\left[(\widehat{\tau}_1)^{\frac{\sigma_1^m}{1-\sigma_1^m}}(\widehat{e}_1^m)^{\frac{1}{\sigma_1^m-1}}\right]^{k+1-\sigma(\omega)} \\
&\quad + [1-I(\omega)]\left[(\widehat{e}_1^h)^{\frac{1}{\sigma_1^h-1}}\right]^{k+1-\sigma(\omega)}
\end{aligned}
\tag{3-29}
$$

由于 $\sigma(\omega) < k+1$，所以 $(\widehat{\tau}_1)^{1-\sigma(\omega)}\left[(\widehat{\tau}_1)^{\frac{\sigma_1^m}{1-\sigma_1^m}}(\widehat{e}_1^m)^{\frac{1}{\sigma_1^m-1}}\right]^{k+1-\sigma(\omega)} > 1$，$\left[(\widehat{e}_1^h)^{\frac{1}{\sigma_1^h-1}}\right]^{k+1-\sigma(\omega)} > 1$，进而得到 $\widehat{P}_1^D(\omega) < 1$。这说明：

结论 3.8：当消费者个体的偏好分布离散度极度低时，关税的上升会导致消费者个体价格指数上升，造成消费者个体贸易利益损失。①

在同样的假设条件下，通过求导分析发现，$\frac{\partial \ln \widehat{P}_1^D(\omega)}{\partial \sigma(\omega)} > 0$，即 $\ln \widehat{P}_1^D(\omega)$ 随 $\sigma(\omega)$ 的上升而上升。而 $\ln \widehat{P}_1^D(\omega)$ 随 $\widehat{P}_1^D(\omega)$ 的上升而上升，所以 $\widehat{P}_1^D(\omega)$ 随 $\sigma(\omega)$ 的上升而上升。由此可见：

结论 3.9：在异质性消费者框架下，当消费者个体偏好离散度低

---

① 这里 $\widehat{P}_1^D(\omega) = P_1^D(\omega) / P_2^D(\omega)$，$\widehat{P}_1^D(\omega) < 1$，说明 $P_1^D(\omega) < P_2^D(\omega)$，即关税上升后，价格指数也上升了。

时，关税上升后，$\sigma(\omega)$ 越高的消费者遭受的贸易利益损失低。①

当一种产品关税上升时，产品替代弹性高的消费者个体可以转向消费其他产品，进而规避关税的影响，减少贸易利益损失；产品替代弹性低的消费者个体承受更多的贸易利益损失。

二　不确定性条件下的贸易政策

中间状态关税的改变以概率 γ 发生，并且向可以恶化外国公司（更高保护）或国内公司（更低保护）的状态发展。随着价格指数向其固定值调整，任何一个改变方向都会导致逐渐退出和过渡动态。因此，进入决策将取决于经济条件的预期过渡路径。

在大国情形下，借鉴 Handley 和 Limão（2017b），在关税从中间状态向最高关税 τ_2 转变后第 T 期，令 $V_1=\beta E_1 V_1'-\pi(a_1, e_1, c_1^U)+K(1-\beta)=0$，则可以得到：

$$a_1 e_1 (c_1^U)^{1-\sigma_1}\left[1+\mu(\gamma)(1-\beta)\sum_{t=0}^{\infty}\beta^t\frac{a_{2,T}e_{2,T}}{a_1 e_1}\right]$$
$$=K(1-\beta)[1+\mu(\gamma)]$$

进一步可以得到：

$$c_1^U=\left[\frac{K(1-\beta)}{a_1 e_1}\cdot\frac{1+\mu(\gamma)}{1+\mu(\gamma)(1-\beta)\sum_{t=0}^{\infty}\beta^t\frac{a_{2,T}e_{2,T}}{a_1 e_1}}\right]^{\frac{1}{1-\sigma_1}}$$

令 $(1-\beta)\sum_{t=0}^{\infty}\beta^t\frac{a_{2,T}e_{2,T}}{a_1 e_1}=O$，则：

$$c_1^U=\left[\frac{1+\mu(\gamma)O}{1+\mu(\gamma)}\cdot\frac{a_1 e_1}{K(1-\beta)}\right]^{\frac{1}{\sigma_1-1}}$$

所以：

① 由于 $\widehat{P}_1^D(\omega)=P_1^D(\omega)/P_2^D(\omega)<1$，所以 $\widehat{P}_1^D(\omega)$ 随 $\sigma(\omega)$ 的上升而上升，意味着 $\sigma(\omega)$ 越高，关税上升导致的价格指数上升幅度越小，消费者个体福利损失越低。

$$\frac{c_1^U}{c_1^D}=U\ (O,\ \gamma)=\left[\frac{1+\mu\ (\gamma)\ O}{1+\mu\ (\gamma)}\right]^{\frac{1}{\sigma_1-1}}$$

相对于确定性基准 τ_b 条件下的出口成本阈值 $\widehat{c}_1 \equiv c_1^U/c_1^D$ 仍然是通过解决最佳停止问题获得的。将 $c_s^{hD}=\left[\frac{K^h\ (1-\beta)}{a_s^h e_s^h}\right]^{\frac{1}{1-\sigma_s^h}}$，$c_s^{mD}=\left[\frac{K^m\ (1-\beta)}{a_s^m e_s^m}\right]^{\frac{1}{1-\sigma_s^m}}$ 代入式（3－23）和式（3－24）中，可以得到：

$$c_1^{hU}=U\ (O^h,\ \gamma)\ \left[\frac{K^h\ (1-\beta)}{a_1^h e_1^h}\right]^{\frac{1}{1-\sigma_1^h}}\left(\frac{e_1^h}{e_s^h}\right)^{\frac{1}{\sigma_1^h-1}}$$

$$c_1^{mU}=U\ (O^m,\ \gamma)\ \left[\frac{K^m\ (1-\beta)}{a_1^m e_1^m}\right]^{\frac{1}{1-\sigma_1^m}}$$

所以：

$$\widehat{c}_1^{hU}=U\ (O^h,\ \gamma)\ \{[K^h\ \widehat{(1-\beta)}]^{\frac{1}{1-\sigma_1^h}}\}[\widehat{(\sigma_1^h)^{\frac{\sigma_1^h}{1-\sigma_1^h}}}(e_1^h)^{\frac{1}{\sigma_1^h-1}}](\widehat{\sigma_1^h-1}) \tag{3-30}$$

$$\widehat{c}_1^{mU}=U\ (O^m,\ \gamma)\ \{[K^m\ \widehat{(1-\beta)}]^{\frac{1}{1-\sigma_1^m}}\}[\widehat{(\tau_1\sigma_1^m)^{\frac{\sigma_1^m}{1-\sigma_1^m}}}(e_1^m)^{\frac{1}{\sigma_1^m-1}}](\widehat{\sigma_1^m-1}) \tag{3-31}$$

将出口市场和国内市场企业进入成本阈值代入（$\widehat{P}_s$）$^{1-\sigma}$ 表达式中，我们得到中间状态下的价格指数相对于确定性基线状态下的变化，其满足：

$$[\widehat{P}_1^U\ (\omega)]^{1-\sigma(\omega)}=I\ (\omega)\ (\widehat{\tau}_1)^{1-\sigma(\omega)}\left(\frac{\widehat{\sigma}_1^m}{\widehat{\sigma}_1^m-1}\right)^{1-\sigma(\omega)}$$

$$\times\ \langle U\ (O^m,\ \gamma)\ \{[K^m\ \widehat{(1-\beta)}]^{\frac{1}{1-\sigma_1^m}}\}[\widehat{(\tau_1\sigma_1^m)^{\frac{\sigma_1^m}{1-\sigma_1^m}}}(e_1^m)^{\frac{1}{\sigma_1^m-1}}](\widehat{\sigma_1^m-1})\rangle^{k+1-\sigma(\omega)}$$

$$+\ [1-I\ (\omega)]\ \left(\frac{\widehat{\sigma}_1^h}{\widehat{\sigma}_1^h-1}\right)^{1-\sigma(\omega)}\ \langle U\ (O^h,\ \gamma)\{[K^h\ \widehat{(1-\beta)}]^{\frac{1}{1-\sigma_1^h}}\}$$

$$\times[\widehat{(\sigma_1^h)^{\frac{\sigma_1^h}{1-\sigma_1^h}}}(e_1^h)^{\frac{1}{\sigma_1^h-1}}](\widehat{\sigma_1^h-1})\rangle^{k+1-\sigma(\omega)} \tag{3-32}$$

式（3－32）能够同时捕捉由于关税和贸易政策不确定性变

化而导致的消费者个体贸易利益变化。当 $U(O^m, \gamma) = U(O^h, \gamma) = 1$ 时，便得到确定性条件下的 $\widehat{P}_1^D$。当 $\widehat{\tau}_1 = 1$ 时，完全由 TPU 作用于出口企业 $U(O^m, \gamma)$ 和本国企业 $U(O^h, \gamma)$ 而导致的价格变化，在消费者个体价格指数上的反映并不明显。但对于不同的消费者，贸易政策不确定性的影响是不同的。所以如下结论是成立的：

结论 3.10：在异质性消费者框架下，贸易政策不确定性对消费者个体贸易利益的影响受到消费者偏好和支出结构影响。

但是，式（3－32）中，贸易政策不确定性对消费者个体福利的影响方向并不清晰。假设存在一种偏好分布，使关税上升后的整体偏好 σ_i^h 和 σ_i^m 不变，且 $e_1^h > e_2^h$，$e_1^m > e_2^m$，那么 $U(O^m, \gamma) < 1$，$U(O^h, \gamma) < 1$。此时，可将式（3－32）改写为：

$$
\begin{aligned}
&[\widehat{P}_1^U(\omega)]^{1-\sigma(\omega)} \\
&= I(\omega)(\widehat{\tau}_1)^{1-\sigma(\omega)}\left[U(O^m, \gamma)(\widehat{\tau}_1)^{\frac{\sigma_1^m}{1-\sigma_1^m}}(\widehat{e}_1^m)^{\frac{1}{\sigma_1^m-1}}\right]^{k+1-\sigma(\omega)} \\
&\quad + [1 - I(\omega)]\left[U(O^h, \gamma)(\widehat{e}_1^h)^{\frac{1}{\sigma_1^h-1}}\right]^{k+1-\sigma(\omega)}
\end{aligned}
\tag{3-33}
$$

进一步地，当不存在实际关税的变化（$\widehat{\tau}_1 = 1$，$\widehat{e}_1^m = 1$）时，式（3－33）可改写为：

$$
\begin{aligned}
&[\widehat{P}_1^U(\omega)]^{1-\sigma(\omega)} \\
&= I(\omega)[U(O^m, \gamma)]^{k+1-\sigma(\omega)} \\
&\quad + [1 - I(\omega)][U(O^h, \gamma)]^{k+1-\sigma(\omega)}
\end{aligned}
\tag{3-34}
$$

由于 $U(O^m, \gamma) < 1$，$U(O^h, \gamma) < 1$，$k + 1 - \sigma(\omega) > 0$，所以 $\widehat{P}_1^U(\omega) > 1$。如下结论成立：

结论 3.11：当消费者个体的偏好分布离散度极度低时，完全由 TPU 作用于出口企业 $U(O^m, \gamma) < 1$ 和本国企业 $U(O^h, \gamma) < 1$ 而导致的价格变化，将使消费者价格指数上升。①

---

① $\widehat{P}_1^U(\omega) > 1$，意味着 $P_1^U(\omega) > P_1^D(\omega)$。

三　TPU与消费者个体贸易利益分配

通过 $\widehat{P}_1^U(\omega)$ 对 $U(O^m, \gamma)$ 和 $U(O^h, \gamma)$ 求导，可以发现，由于 $k+1>\sigma(\omega)$，所以 $\frac{\partial \widehat{P}_1^U(\omega)}{\partial U(O^h, \gamma)}<0$，$\frac{\partial \widehat{P}_1^U(\omega)}{\partial U(O^m, \gamma)}<0$，$\widehat{P}_1^U(\omega)$ 随 $U(O^m, \gamma)$ 和 $U(O^h, \gamma)$ 的增加而下降。这说明：

结论3.12：当消费者个体的偏好分布离散度极度低，贸易政策不确定性越低［$U(O^m, \gamma)$ 和 $U(O^h, \gamma)$ 越接近1］，价格指数增加幅度越小，消费者个体的贸易利益损失越低。①

基于式（3-34），令 $A=[\widehat{P}_1^U(\omega)]^{1-\sigma(\omega)}$，则：

$$\frac{\partial A}{\partial \sigma(\omega)}=-I(\omega)[U(O^m, \gamma)]^{k+1-\sigma(\omega)}\ln U(O^m, \gamma)$$
$$-[1-I(\omega)][U(O^h, \gamma)]^{k+1-\sigma(\omega)}\ln U(O^h, \gamma)$$

由于 $\ln U(O^m, \gamma)<0$，$\ln U(O^h, \gamma)<0$，所以 $\frac{\partial A}{\partial \sigma(\omega)}>0$。而 $A=[\widehat{P}_1^U(\omega)]^{1-\sigma(\omega)}$ 随 $\sigma(\omega)$ 的增加而下降，当 $\sigma(\omega)$ 增加时，只有当 $\widehat{P}_1^U(\omega)$ 下降，才会有 A 增加。所以，$\widehat{P}_1^U(\omega)$ 随 $\sigma(\omega)$ 的增加而下降。这说明 $\sigma(\omega)$ 越高的消费者，受到不确定性的影响越小。如下结论成立：

结论3.13：在异质性消费者框架下，如果消费者个体偏好离散度低，当受到贸易政策不确定性冲击时，$\sigma(\omega)$ 越高的消费者，遭受的贸易利益损失低。②

替代弹性越高，说明产品间的替代性越强。当一种产品遭受贸

---

① 根据第二节的推导，当 $U(\delta^m, \gamma)<1$ 和 $U(\delta^h, \gamma)<1$ 时，$U(\delta^m, \gamma)$ 和 $U(\delta^h, \gamma)$ 越小，不确定性条件下的边际成本阈值越低，不确定性程度越高；$U(\delta^m, \gamma)$ 和 $U(\delta^h, \gamma)$ 越高，不确定性程度越低。

② 由于 $\widehat{P}_1^U(\omega)=\frac{P_1^U(\omega)}{P_1^D(\omega)}>1$，所以 $\widehat{P}_1^U(\omega)$ 随 $\sigma(\omega)$ 的上升而下降意味着，$\sigma(\omega)$ 越高，不确定性导致的价格指数上升幅度越低，消费者个体福利损失越低。

易政策不确定性冲击时，产品替代弹性高的消费者个体可以转向消费其他产品，进而规避关税的影响，减少贸易利益损失；产品替代弹性低的消费者个体承受更多的贸易利益损失。

第四节　贸易政策不确定性影响的消除

一　贸易政策

在式（3-21）和式（3-22）中，γ、λ_2 和 τ_2 是外生给定的。当 $\gamma=0$ 或者 $\lambda_2=0$ 时，$c_1^{hU}=c_1^{hD}$，$c_1^{mU}=c_1^{mD}$。$\gamma=0$ 意味着贸易政策是确定的，未来关税不会发生任何变化。当然，这是最理想的状态。然而，纵观历史，任何一个时代，国家之间的贸易政策都不是一成不变的。在 21 世纪，不确定性是常态。$\lambda_2=0$ 意味着，虽然关税是不断变化的，但未来关税上升的可能性为 0。这是一个更接近现实、更容易实现的状态。由于$\frac{\partial U(O^m,\gamma)}{\partial\mu(\gamma)}<0$，$\frac{\partial U(O^h,\gamma)}{\partial\mu(\gamma)}<0$，$\frac{\partial\mu(\gamma)}{\partial\gamma}>0$，$\frac{\partial\mu(\gamma)}{\partial\lambda_2}>0$，$\frac{\partial U(O^m,\gamma)}{\partial\delta^m}>0$，$\frac{\partial O^m}{\partial\tau_2}<0$，所以 $U(O^m,\gamma)$ 和 $U(O^h,\gamma)$ 随 γ、λ_2 和 τ_2 的上升而下降。结合结论 3.12，可以发现：

结论 3.14：未来关税变化的可能性 γ 越小，未来关税上升的可能性 λ_2 越小，未来关税 τ_2 越小，则贸易政策不确定性程度越低，企业边际成本阈值越高，企业进入越多，消费者个体的贸易利益损失越低。

无论是全球性贸易组织 WTO、区域性贸易同盟欧盟，还是区域贸易协定 TPP、RCEP，抑或是双边贸易协定，都是以双边或多边贸易发展为共同信念，确保业务规划、投资环境和贸易条件的稳定、透明和可预测，从而降低贸易政策不确定性。一方面，如果消除某些贸易障碍（比如关税和非关税壁垒），并将其限制为零，那么未来重新谈判的风险就会降低，未来贸易政策不确定性将减少。另一方面，如果具有更多相似偏好的国家在标准、规则以及非经济政策方面达成一致，整合经济以使贸易摩擦的成本极高，则未来引发贸易保护的风险和不确定性将下降。所以：

结论3.15：签订优惠贸易协定，限制关税变化的可能性、关税上升的可能性和关税上升的幅度，是降低贸易政策不确定性、消除贸易政策不确定性影响的重要贸易政策。

二　产业政策

在不确定的环境中，首先受到冲击的是生产者。不确定性导致进入出口市场的边际成本阈值上升，已经存在于出口市场的部分企业不得不退出市场，而未进入的企业会延期进入。所以，当遭受不确定性冲击时，首先采取政策的是出口企业所在国，它通过产业补贴对冲贸易政策不确定性冲击。此外，当贸易政策不确定性冲击导致消费者贸易利益损失，消费者所在国可以通过对国内企业补贴，以抵消贸易政策不确定性冲击的影响。

假设政府对遭受贸易政策不确定性冲击的产业进行从价补贴，国内品和进口品的补贴率分别为 $v_i^h>1$ 和 $v_i^m>1$。国内企业和国外企业利润分别为：

$$\pi_i^h=(v_i^h p_i^h-c_i^h)\ L\sum_1^N\alpha(\omega)\ \frac{y(\omega)\ (p_i^h)^{-\sigma(\omega)}}{[P(\omega)]^{1-\sigma(\omega)}}$$

$$\pi_i^m=\left(\frac{v_i^m p_i^m}{\tau}-dc_i^m\right)L\sum_1^N\alpha(\omega)\ \frac{y(\omega)\ (p_i^m)^{-\sigma(\omega)}}{[P(\omega)]^{1-\sigma(\omega)}}$$

根据企业利润最大化的一阶条件 $\frac{\partial\pi_i^h}{\partial p_i^h}=0$ 和 $\frac{\partial\pi_i^m}{\partial p_i^m}=0$，可以得到均衡价格：

$$p_i^h=\frac{\sigma_i^h}{\sigma_i^h-1}\cdot\frac{c_i^h}{v_i^h}\tag{3-35}$$

$$p_i^m=\frac{\sigma_i^m}{\sigma_i^m-1}d\tau_i\frac{c_i^m}{v_i^m}\tag{3-36}$$

与式（3－9）和式（3－10）相比，考虑政府产业补贴后的均衡价格下降，而这种下降相当于企业的边际成本下降。将均衡价格代入企业利润表达式中，可以得到：

$$\pi_i^h = a_i^h e_i^h \left(\frac{c_i^h}{v_i^h}\right)^{1-\sigma_i^h} \tag{3-37}$$

$$\pi_i^m = a_i^m e_i^m \left(\frac{c_i^m}{v_i^m}\right)^{1-\sigma_i^m} \tag{3-38}$$

根据本章第二节小国情形的分析，在确定性条件下，企业的边际成本阈值为：

$$c_s^{hD} = \left[\frac{K^h\ (1-\beta)}{a_s^h e_s^h}\right]^{\frac{1}{1-\sigma_s^h}} v_i^h \tag{3-39}$$

$$c_s^{mD} = \left[\frac{K^m\ (1-\beta)}{a_s^m e_s^m}\right]^{\frac{1}{1-\sigma_s^m}} v_i^m \tag{3-40}$$

比较式（3－37）、式（3－38）与式（3－11）和式（3－12），可以发现，政府的产业补贴增加了企业的利润，提高了确定性条件下国内企业和国外企业的边际成本阈值，二者分别提高了 v_i^h 和 v_i^m 倍，增加了企业的进入数量，消费者的产品种类数也增加了。同理，不确定性条件下的企业边际成本阈值也分别提高了 v_i^h 和 v_i^m 倍，所以确定性和不确定性条件下边际成本阈值关系式仍然为式（3－21）和式（3－22）。

（一）外国企业补贴

在式（3－34）中，当政府的补贴使 $\widehat{P}_1^{hU}$（ω）$=1$，便可抵消不确定性对消费者个体贸易利益的影响。在两国情形下，将 U（O^m，γ）和 U（O^h，γ）代入式（3－34）可得到：

$$1 = I\ (\omega)\ \left\{\frac{[1+\mu\ (\gamma)\ O^m]}{[1+\mu\ (\gamma)]}\right\}^{\frac{k+1-\sigma(\omega)}{\sigma_i^m-1}} + [1-I\ (\omega)]\ \cdot \left\{\frac{[1+\mu\ (\gamma)\ O^h]}{[1+\mu\ (\gamma)]}\right\}^{\frac{k+1-\sigma(\omega)}{\sigma_i^h-1}} \tag{3-41}$$

根据式（3－41），可将 O^m 表示为 O^h 的函数：

$$O^m = f\ [I^m\ (\omega),\ \mu\ (\gamma),\ O^h,\ \sigma\ (\omega),\ \sigma_i^m,\ \sigma_i^h] \tag{3-42}$$

根据定义 $e_i^h = L^h \sum_1^N \frac{\alpha(\omega) y(\omega) (p_i^h)^{\sigma_i^h - \sigma(\omega)}}{[P(\omega)]^{1-\sigma(\omega)}}$，$e_i^m = L^h \times \sum_1^N \frac{\alpha(\omega) y(\omega) (p_i^m)^{\sigma_i^m - \sigma(\omega)}}{[P(\omega)]^{1-\sigma(\omega)}}$，可得：

$$O^h = \frac{\ln\beta}{(1-\beta)(\beta)^t} \frac{\sum_1^N \beta(\omega)(v_i^h)^{\sigma(\omega)-\sigma_i^h}}{\sum_1^N B^h(\omega)} \tag{3-43}$$

$$O^m = \frac{\ln\beta}{(1-\beta)(\beta)^t} \frac{\sum_1^N B^m(\omega)(\tau_2)^{-\sigma(\omega)}(v_i^m)^{\sigma(\omega)-\sigma_i^m}}{\sum_1^N B^m(\omega)(\tau_1)^{-\sigma(\omega)}} \tag{3-44}$$

其中，$B^m(\omega) = \frac{\alpha(\omega) y(\omega)\left(\frac{\sigma_i^m}{\sigma_i^m - 1} dc_i^m\right)^{-\sigma(\omega)}}{[P(\omega)]^{1-\sigma(\omega)}}$，$B^h(\omega) = \frac{\alpha(\omega) y(\omega)\left(\frac{\sigma_i^h}{\sigma_i^h - 1} c_i^h\right)^{-\sigma(\omega)}}{[P(\omega)]^{1-\sigma(\omega)}}$。将式（3－44）代入式（3－42）中，可得 $\frac{\ln\beta \sum_1^N B^m(\omega)(\tau_2)^{-\sigma(\omega)}(v_i^m)^{\sigma(\omega)-\sigma_i^m}}{(1-\beta)(\beta)^t \sum_1^N B^m(\omega)(\tau_1)^{-\sigma(\omega)}} = f[I(\omega), \mu(\gamma), O^h, \sigma(\omega), \sigma_i^m, \sigma_i^h]$。给定消费者的偏好分布和其他外生参数，使得 $f[I(\omega), \mu(\gamma), O^h, \sigma(\omega), \sigma_i^m, \sigma_i^h]$ 为常数 C^m，$C^m > 1$，那么外国企业补贴率满足：$\frac{\ln\beta \sum_1^N B^m(\omega)(\tau_2)^{-\sigma(\omega)}(v_i^m)^{\sigma(\omega)-\sigma_i^m}}{(1-\beta)(\beta)^t \sum_1^N B^m(\omega)(\tau_1)^{-\sigma(\omega)}} = C^m$。这说明：

结论 3.16：当遭受贸易政策不确定性冲击时，如果外国政府对其出口企业进行补贴，就能够消除贸易政策不确定性对消费者贸易利益的损害。补贴率与行业未来可能遭受的最高关税、消费者偏好分布相关，补贴率满足 $\frac{\ln\beta\sum_{1}^{N} B^m(\omega)\ (\tau_2)^{-\sigma(\omega)}\ (v_i^m)^{\sigma(\omega)-\sigma_i^m}}{(1-\beta)\ (\beta)^t\sum_{1}^{N} B^m(\omega)\ (\tau_1)^{-\sigma(\omega)}} = C^m$。

（二）国内企业补贴

如果外国政府未补贴其出口企业，那么 $U(O^m, \gamma) < 1$。在式（3－34）中，当 $U(O^m, \gamma) < 1$ 时，如果对国内企业补贴 $v_i^h > 1$，使得 $U(O^h, \gamma) > 1$，也能实现 $\widehat{P}_1^U(\omega) = 1$。同样地，在两国情形下，根据式（3－41），可将 O^h 表示为 O^m 的函数：

$$O^h = f[I(\omega), \mu(\gamma), O^m, \sigma(\omega), \sigma_i^m, \sigma_i^h] \quad (3-45)$$

将式（3－45）代入式（3－43）中，可得 $\frac{\ln\beta\sum_{1}^{N} B^h(\omega)\ (v_i^h)^{\sigma(\omega)-\sigma_i^h}}{(1-\beta)\ (\beta)^t\sum_{1}^{N} B^h(\omega)} = f[I(\omega), \mu(\gamma), O^m, \sigma(\omega), \sigma_i^m, \sigma_i^h]$。给定消费者的偏好分布和其他外生参数，使 $f[I(\omega), \mu(\gamma), O^m, \sigma(\omega), \sigma_i^m, \sigma_i^h]$ 为常数 C^h，$C^h > 1$，那么本国对国内企业的补贴率满足：$\frac{\ln\beta\sum_{1}^{N} B^h(\omega)\ (v_i^h)^{\sigma(\omega)-\sigma_i^h}}{(1-\beta)\ (\beta)^t\sum_{1}^{N} B^h(\omega)} = C^h$。所以可得到如下结论：

结论3.17：当遭受贸易政策不确定性冲击时，如果外国政府未对其出口企业进行补贴，则本国政府对本国企业进行补贴，也能够消除贸易政策不确定性对消费者贸易利益的损害。补贴率与消费者偏好分布、进口渗透率相关，补贴率满足 $C^h = \frac{\ln\beta\sum_{1}^{N} B^h(\omega)\ (v_i^h)^{\sigma(\omega)-\sigma_i^h}}{(1-\beta)\ (\beta)^t\sum_{1}^{N} B^h(\omega)}$。

本章小结

通过构建企业异质性和消费者异质性模型，本章发现，消费者消费商品的价格和企业利润不仅取决于企业的边际成本、出口成本、关税，还取决于消费者的偏好和支出结构，而消费者的支出结构又反映了其偏好和收入。进一步地，通过在生产侧引入贸易政策不确定性，本章发现，贸易政策不确定性导致出口市场上企业边际成本阈值下降，国外企业进入将减少，消费者消费的产品种类数将下降，而且贸易政策不确定性对企业进入和退出的影响受到需求侧偏好和支出结构的影响，代表性消费者假设导致了贸易政策不确定性影响估计的偏误。在一般均衡分析中，本章发现，在异质性消费者框架下，贸易政策不确定性和关税对消费者个体贸易利益的影响受到消费者偏好和支出结构影响，替代弹性越高的消费者，遭受的贸易利益损失低。

如何降低贸易政策不确定性、消除贸易政策不确定性的影响，是所有理论工作者和实践者的关注重点。在认识消费者异质性框架下贸易政策不确定性的影响后，本章从贸易政策和产业政策两方面，探讨了如何降低贸易政策不确定性、消除贸易政策不确定性的影响。一方面，当未来关税变化的可能性越小，未来关税上升的可能性越小，未来关税越小时，贸易政策不确定性程度越低，企业边际成本阈值越高，企业进入越多，消费者个体的贸易利益损失越低。因此，结合第二章的特征事实，签订优惠贸易协定，可以限制关税变化的可能性、关税上升的可能性和关税上升的幅度，是降低贸易政策不确定性、消除贸易政策不确定性影响的重要贸易政策。另一方面，当遭受贸易政策不确定性冲击时，如果外国政府对其出口企业进行补贴，则能够消除贸易政策不确定性对消费者贸易利益的损害，且补贴率与行业未来可能遭受的最高关税、消费者偏好分布相关；如果外国政府未对其出口企业进行补贴，则本国政府对本国企业进行补贴，也能够消除贸易政策不确定性对消费者贸易利益的损害，且补贴率与消费者偏好分布、进口渗透率相关。

第四章

TPU与贸易利益个体分配理论分析Ⅱ：多国情形

第三章在两国情形下构建了供给侧和需求侧的双异质性理论模型，发现了代表性消费者假设对估计贸易政策不确定性影响造成的偏误，并证实了贸易政策不确定性对消费者个体贸易利益的分配效应。既然需求侧异质性框架下，贸易政策不确定性对消费者个体贸易利益的影响具有差异，那么在多国情形下，需求侧异质性是否会导致进口国之间的竞争？出口国之间是否也存在竞争？贸易政策不确定性对进口国消费者个体贸易利益分配的影响是否会因此发生变化？这是本章将要解决和回答的问题。首先，本章在第三章的基础上，将模型设定拓展到多国情形。其次，本章分别在局部均衡和一般均衡中分析了贸易政策不确定性对消费者个体贸易利益的影响以及造成的分配效应。最后，本章结合局部均衡和一般均衡分析结论，讨论了贸易政策不确定性影响的自动消除，以及什么样的贸易政策和产业政策能够降低贸易政策不确定性、消除贸易政策不确定性的影响。

第一节　基本模型设定

一　需求侧模型设定

分别用上角标 h 和 m 表示进口国和出口国，假设存在 H 个进口

国和 M 个出口国，进口国 h 的消费者 ω 的效用函数是：

$$U^h(\omega)=\left\{\int_{i\in\Omega_h}\left[x_i^{hh}(\omega)\right]^{\frac{\sigma(\omega)-1}{\sigma(\omega)}}\mathrm{d}i+\sum_1^M\int_{i\in\Omega_m}\left[x_i^{hm}(\omega)\right]^{\frac{\sigma(\omega)-1}{\sigma(\omega)}}\mathrm{d}i\right\}^{\frac{\sigma(\omega)}{\sigma(\omega)-1}}$$

进口国 h 的消费者效用最大化的约束条件是：

$$\int_{i\in\Omega_h}p_i^{hh}x_i^{hh}(\omega)\,\mathrm{d}i+\sum_1^M\int_{i\in\Omega_m}p_i^{mh}x_i^{hm}(\omega)\,\mathrm{d}i=y^h(\omega)$$

其中，$x_i^{hh}(\omega)$ 和 $x_i^{hm}(\omega)$ 分别是进口国 h 的消费者 ω 对本国产品和外国产品的需求量，$y^h(\omega)$ 是进口国 h 的消费者 ω 的收入，p_i^{hh} 和 p_i^{mh} 分别是国家 h 的消费者消费本国产品和从 m 国进口产品的价格。通过构建拉格朗日函数，得到消费者需求：

$$x_i^{hh}(\omega)=\frac{y^h(\omega)\left(p_i^{hh}\right)^{-\sigma(\omega)}}{\left[P^h(\omega)\right]^{1-\sigma(\omega)}} \tag{4-1}$$

$$x_i^{hm}(\omega)=\frac{y^h(\omega)\left(p_i^{mh}\right)^{-\sigma(\omega)}}{\left[P^h(\omega)\right]^{1-\sigma(\omega)}} \tag{4-2}$$

其中，$P^h(\omega)$ 是进口国 h 的消费者 ω 的价格指数，满足：

$$P^h(\omega)=\left\{\int_{i\in\Omega_h}\left(p_i^{hh}\right)^{1-\sigma(\omega)}\mathrm{d}i+\sum_1^M\int_{i\in\Omega_m}\left(p_i^{mh}\right)^{1-\sigma(\omega)}\mathrm{d}i\right\}^{\frac{1}{1-\sigma(\omega)}} \tag{4-3}$$

同样地，假设在进口国 h 内，用 ω 标记的消费者有 N 种，ω 型消费者被赋予了 $y(\omega)$ 单位有效劳动（每个效率单位的工资标准化为1）。如果将 $\alpha(\omega)$ 表示为总数量 L^h 中 ω 型消费者的比例，则经济体中总的有效单位劳动力供给为 $L^h\sum_1^N\alpha(\omega)y^h(\omega)$。同时假设所有国家消费者类型比例对称，结合式（4－1）和式（4－2），进口国 h 的所有消费者对本国产品以及出口国 m 的产品需求量满足：

$$X_i^{hh}=L^h\sum_1^N\alpha(\omega)\frac{y^h(\omega)\left(p_i^h\right)^{-\sigma(\omega)}}{\left[P^h(\omega)\right]^{1-\sigma(\omega)}} \tag{4-4}$$

$$X_i^{hm}=L^h\sum_1^N\alpha(\omega)\frac{y^h(\omega)\left(p_i^m\right)^{-\sigma(\omega)}}{\left[P^h(\omega)\right]^{1-\sigma(\omega)}} \tag{4-5}$$

二　供给侧模型设定

仍然假设企业 i 只生产一种产品 i，h 国对 m 国产品征收的关税为从价税 $\tau_i^{hm} \geqslant 1$，出口成本为从价成本 $d \geqslant 1$，m 国企业出口到 h 国的产品价格为$\frac{p_i^{mh}}{\tau_i^{hm}}$。进口国 h 的企业在国内市场上的利润，以及出口国 m 的企业出口到 h 国的利润满足：

$$\pi_i^{hh} = (p_i^{hh} - c_i^h)\ L^h \sum_1^N \frac{\alpha(\omega)\ y^h(\omega)\ (p_i^{hh})^{-\sigma(\omega)}}{[P^h(\omega)]^{1-\sigma(\omega)}}$$

$$\pi_i^{mh} = \left(\frac{p_i^{mh}}{\tau_i^{hm}} - dc_i^m\right) L^h \sum_1^N \frac{\alpha(\omega)\ y^h(\omega)\ (p_i^{mh})^{-\sigma(\omega)}}{[P^h(\omega)]^{1-\sigma(\omega)}}$$

与第三章相同，这里只考虑进口国企业在国内市场和出口国企业在出口市场上的利润，因为本书最终分析的是进口国消费者贸易利益个体分配，只用求出消费者面临的国内品和进口品的价格。事实上，是否考虑进口国企业的出口利润和出口国企业的国内销售利润，不影响均衡价格结果。根据企业利润最大化得到的均衡价格依然满足：

$$p_i^{hh} = \frac{\sigma_i^{hh}}{\sigma_i^{hh} - 1} c_i^h \tag{4-6}$$

$$p_i^{mh} = \frac{\sigma_i^{hm}}{\sigma_i^{hm} - 1} dc_i^m \tau_i^{hm} \tag{4-7}$$

其中，$\sigma_i^{hh} = \frac{\sum_1^N \sigma(\omega) Z_i^{hh}(\omega)}{\sum_1^N Z_i^{hh}}$ 和 $\sigma_i^{hm} = \frac{\sum_1^N \sigma(\omega) Z_i^{hm}(\omega)}{\sum_1^N Z_i^{hm}}$ 分别是进口国 h 的消费者对本国产品和出口国 m 的产品的平均替代弹性，权重是消费者支出。Z_i^{hh} 和 Z_i^{hm} 满足：

$$Z_i^{hh}(\omega) = \frac{\alpha(\omega)\ y(\omega)\ (p_i^{hh})^{1-\sigma(\omega)}}{[P^h(\omega)]^{1-\sigma(\omega)}} = p_i^{hh} x_i^{hh}(\omega)$$

$$Z_i^{hm}(\omega) = \frac{\alpha(\omega)\ y(\omega)\ (p_i^{mh})^{1-\sigma(\omega)}}{[P^h(\omega)]^{1-\sigma(\omega)}} = p_i^{mh} x_i^{hm}(\omega)$$

将式（4－6）和式（4－7）代入利润表达式中，可以得到企业利润为：

$$\pi_i^{hh} = a_i^{hh} e_i^{hh} \left(c_i^h \right)^{1-\sigma_i^{hh}} \tag{4-8}$$

$$\pi_i^{mh} = a_i^{mh} e_i^{mh} \left(c_i^m \right)^{1-\sigma_i^{mh}} \tag{4-9}$$

其中，a_i^{hh} 和 a_i^{mh} 反映了消费者的整体偏好，e_i^{hh} 和 e_i^{mh} 反映了消费者的支出结构（e_i^{hh} 和 e_i^{mh} 可以改写为 z_i^{hh} 和 z_i^{mh} 的函数）。a_i^{hh}、a_i^{mh}、e_i^{hh} 和 e_i^{mh} 满足：

$$e_i^{hh} = L^h \sum_1^N \frac{\alpha(\omega)\ \gamma(\omega)\ \left(p_i^{hh}\right)^{\sigma_i^{hh}-\sigma(\omega)}}{\left[P^h(\omega)\right]^{1-\sigma(\omega)}} \tag{4-10}$$

$$e_i^{mh} = L^h \sum_1^N \frac{\alpha(\omega)\ \gamma(\omega)\ \left(p_i^{mh}\right)^{\sigma_i^{mh}-\sigma(\omega)}}{\left[P^h(\omega)\right]^{1-\sigma(\omega)}} \tag{4-11}$$

$$a_i^{hh} = \left(\sigma_i^{hh}\right)^{-\sigma_i^{hh}} \left(\sigma_i^{hh}-1\right)^{\sigma_i^{hh}-1} \tag{4-12}$$

$$a_i^{mh} = \left(\tau_i^{hm}\sigma_i^{mh}\right)^{-\sigma_i^{mh}} \left[\frac{\left(\sigma_i^{mh}-1\right)}{d}\right]^{\sigma_i^{mh}-1} \tag{4-13}$$

显然，在多国情形下，消费者消费产品的价格、企业利润不仅取决于企业的边际成本、出口成本、关税，还取决于消费者的偏好和支出结构，而消费者的支出结构又反映了其偏好和收入。

第二节　小国情形

一　边际成本

对于贸易政策不确定性，本章继续沿用第三章的假设，同时假设 h 国对 m 国产品征收的关税变化的可能性 γ^{hm} 不同，且关税从中间水平 τ_1 增加到高水平 τ_2 的可能性 λ_2^{hm} 也不同。当进口国的规模足够大时，进口产品不影响其国内消费者价格指数。通过第一节的模型基本设定，可以发现，在多国情形下，产品的消费价格、企业利润与第三章的两国情形下相同。因此，确定性条件下的边际成本阈值同样满足：

$$c_s^{hhD} = \left[\frac{K^{hh}\ (1-\beta)}{a_s^{hh} e_s^{hh}}\right]^{\frac{1}{1-\sigma_s^{hh}}} \tag{4-14}$$

$$c_s^{mhD} = \left[\frac{K^{mh}\ (1-\beta)}{a_s^{mh} e_s^{mh}}\right]^{\frac{1}{1-\sigma_s^{mh}}} \tag{4-15}$$

$$c_1^{hhU} = U\ (\delta^{hh},\ \gamma^{h})\ c_1^{hhD} \tag{4-16}$$

$$c_1^{mhU} = U\ (\delta^{mh},\ \gamma^{h})\ c_1^{mhD} \tag{4-17}$$

其中，$\mu\ (\gamma^{hm}) = \dfrac{\gamma^{hm}\lambda_2^{hm}\beta}{1-\beta}$，$\delta^{hh} = \dfrac{a_2^{hh}}{a_1^{hh}} \cdot \dfrac{e_2^{hh}}{e_1^{hh}}$，$\delta^{mh} = \dfrac{a_2^{mh}}{a_1^{mh}} \cdot \dfrac{e_2^{mh}}{e_1^{mh}}$，$U\ (\delta^{hh},\ \gamma^{hm}) = \left\{\dfrac{[1+\mu\ (\gamma^{hm})\ \delta^{hh}]}{[1+\mu\ (\gamma^{hm})]}\right\}^{\frac{1}{\sigma_1^{hh}-1}}$，$U\ (\delta^{mh},\ \gamma^{hm}) = \left\{\dfrac{[1+\mu\ (\gamma^{hm})\ \delta^{mh}]}{[1+\mu\ (\gamma^{hm})]}\right\}^{\frac{1}{\sigma_1^{mh}-1}}$。上角标 U 和 D 分别表示不确定性条件和确定性条件。K^{hh} 和 K^{mh} 分别表示 h 国企业和 m 国企业进入 h 国市场的沉淀成本。c_1^{hh}、c_1^{mh} 分别是 h 国企业在本国市场上的边际成本阈值、m 国企业出口到 h 国市场上的边际成本阈值。$U\ (\delta^{hh},\ \gamma^{hm})$ 和 $U\ (\delta^{mh},\ \gamma^{hm})$ 分别衡量了 h 国企业在本国市场上和 m 国企业在 h 国市场上面临的贸易政策不确定性。当 $U\ (\delta^{hh},\ \gamma^{hm}) < 1$，$U\ (\delta^{mh},\ \gamma^{hm}) < 1$ 时，$c_1^{hhU} < c_1^{hhD}$，$c_1^{mhU} < c_1^{mhD}$，即贸易政策不确定性条件下的边际成本阈值将下降，部分企业不得不退出市场。由于 $\mu\ (\gamma^{hm}) > 0$ 是外生给定的，因此，确定性条件与不确定性条件下的边际成本阈值之间的关系取决于消费者偏好分布（a_s^{hh} 和 a_s^{mh}）和支出结构（e_s^{hh} 和 e_s^{mh}）。

二　竞争效应

由于每个国家的关税、消费者偏好和支出结构不同，所以出口企业在不同国家市场上的边际成本阈值也不一样。一方面，进口国可以根据出口国的贸易政策不确定性差异，选择进口哪国产品，从而规避贸易政策不确定性影响，所以出口国之间存在竞争效应。另一方面，企业可以根据其边际成本和出口市场的边际成本阈值选择出口市场。结合结论3.5，可以得到如下结论：

结论4.1：在多国情形下，由于每个国家的关税、消费者偏好和支出结构不同，m 国的出口企业可以根据自身的生产效率选择出口市场。当 h 国的贸易政策不确定性导致边际成本阈值低于企业自身的边际成本时，企业将退出 h 国市场，从而导致该 h 国市场上消费者可选择的产品种类数下降。

值得注意的是，在多国情形下，由于进口国市场环境（消费者偏好和支出结构、关税、贸易政策不确定性）之间存在竞争效应，出口国企业退出一个进口国市场，并不意味着其退出所有出口市场。以下结论是成立的：

结论4.2：即使 m 国企业由于 h 国的贸易政策不确定性不得不退出该市场，m 国企业仍然有可能存活于出口市场，因为其他进口国的贸易政策不确定性不足以使 m 国企业退出其市场，或者其他进口国的贸易政策是确定的。所以，进口国之间关税、贸易政策不确定性、消费者偏好和支出结构差异会产生一种竞争效应，本书将其称为"进口国竞争效应"。

比较出口国 m 的企业在进口国 h 和 H 内的边际成本阈值，可以得到：

$$\frac{c_1^{mhU}}{c_1^{mHU}}=\frac{U\ (\delta^{mh},\ \gamma^{hm})}{U\ (\delta^{mH},\ \gamma^{Hm})}h\frac{c_1^{mhD}}{c_1^{mHD}} \tag{4-18}$$

当 h 国相对于 H 国的贸易政策不确定性下降时，即 $U\ (\delta^{mh},\ \gamma^{hm})$ 相对增加时，企业进入 h 国的边际成本阈值相对于 H 国上升，m 国的企业在 h 国市场上的进入相对增加，h 国消费者可消费的产品种类数相对增加。所以如下结论是成立的：

结论4.3：当一国的贸易政策不确定性相对下降时，该国消费者可消费的产品种类数会相对增加；相反，当一国的贸易政策不确定性相对上升时，该国消费者可消费的产品种类数会相对减少。

第三节　大国情形

在大国情形下，假设没有跨期借贷，那么消费者当期的支出必须等于其当期的收入。在状态 s 下，h 国消费者个体的价格指数满足：

$$[P_s^h(\omega)]^{1-\sigma(\omega)}=\int_{i\in\Omega_m}\left(\frac{\sigma_s^{hh}}{\sigma_s^{hh}-1}c_s^h\right)^{1-\sigma(\omega)}\mathrm{d}ix+\sum_1^M\int_{i\in\Omega_m}\left(\frac{\sigma_s^{hm}}{\sigma_s^{hm}-1}dc_s^m\tau_s^{hm}\right)^{1-\sigma(\omega)}\mathrm{d}i$$

根据第三章的定义，价格指数的变化满足：

$$[\widehat{P}_s^h(\omega)]^{1-\sigma(\omega)}=[\widehat{P}_s^{hh}(\omega)]^{1-\sigma(\omega)}\left[\frac{P_b^{hh}(\omega)}{P_b^h(\omega)}\right]^{1-\sigma(\omega)}+\sum_1^m[\widehat{P}_s^{hm}(\omega)]^{1-\sigma(\omega)}\left[\frac{P_b^{hm}(\omega)}{P_b^h(\omega)}\right]^{1-\sigma(\omega)}$$

对于基期，消费者 ω 从 m 国进口的支出为：

$$\int_{\Omega_{b,m}}p_i^{mh}hx_i^{hm}(\omega)\,\mathrm{d}i=\frac{y(\omega)[P_b^{hm}(\omega)]^{1-\sigma(\omega)}}{[P_b^h(\omega)]^{1-\sigma(\omega)}}\tag{4-19}$$

所以，消费者 ω 从 m 国进口支出在总支出中所占的份额为：

$$I^m=\frac{\int_{\Omega_{b,m}}p_i^{mh}x_i^{hm}(\omega)\mathrm{d}i}{y(\omega)}=\frac{[P_b^{hm}(\omega)]^{1-\sigma(\omega)}}{[P_b^h(\omega)]^{1-\sigma(\omega)}}\tag{4-20}$$

进一步地，可将总价格指数变化改写为进口品价格和国内生产产品价格 $\int_{\Omega_{s,n}}(p_i^{nh})^{1-\sigma(\omega)}\mathrm{d}i$（$n=m$，$h$）的函数：

$$[\widehat{P}_s^h(\omega)]^{1-\sigma(\omega)}=(1-\sum_1^M I^m)[\widehat{P}_s^{hh}(\omega)]^{1-\sigma(\omega)}+\sum_1^M I^m[\widehat{P}_s^{hm}(\omega)]^{1-\sigma(\omega)}\tag{4-21}$$

假设企业生产率服从帕累托分布［$\sigma(\omega)<k+1$］，将均衡价格代入 $\widehat{P}_s^m$ 和 $\widehat{P}_s^h$ 表达式中，可以得到：

$$[\widehat{P}_s^{hm}(\omega)]^{1-\sigma(\omega)} = (\widehat{\tau}_s^{hm})^{1-\sigma(\omega)}\left(\frac{\widehat{\sigma}_s^{hm}}{\widehat{\sigma}_s^{hm}-1}\right)^{1-\sigma(\omega)}(\widehat{c}_s^{m})^{k+1-\sigma(\omega)} \tag{4-22}$$

$$[\widehat{P}_s^{hh}(\omega)]^{1-\sigma(\omega)} = \left(\frac{\widehat{\sigma}_s^{hh}}{\widehat{\sigma}_s^{hh}-1}\right)^{1-\sigma(\omega)}(\widehat{c}_s^{h})^{k+1-\sigma(\omega)} \tag{4-23}$$

将式（4-22）和式（4-23）代入式（4-21）中，可以得到：

$$[\widehat{P}_s^{h}(\omega)]^{1-\sigma(\omega)} = \sum_1^M I^m(\widehat{\tau}_s^{hm})^{1-\sigma(\omega)}\left(\frac{\widehat{\sigma}_s^{hm}}{\widehat{\sigma}_s^{hm}-1}\right)^{1-\sigma(\omega)}(\widehat{c}_s^{m})^{k+1-\sigma(\omega)} + \left(1-\sum_1^M I^m\right)\left(\frac{\widehat{\sigma}_s^{hh}}{\widehat{\sigma}_s^{hh}-1}\right)^{1-\sigma(\omega)}(\widehat{c}_s^{h})^{k+1-\sigma(\omega)} \tag{4-24}$$

从式（4-24）可以得到与结论3.6相同的结论，即消费者个体的贸易利益不仅受其自身偏好和支出结构的影响，还受到其他消费者偏好和支出结构的影响，以及关税和边际成本阈值变化的影响。

一　确定性政策基准

如果预计政策不会改变，即关税保持在 τ_1，那么价格指数 $P_1^{hD}=P(c_1^{mD},\ c_1^{hD},\ \tau_1^{hm},\ \sigma_1^{hm},\ \sigma_1^{hh})$，可以根据现在状态下的变量估计出 $(P_1^h)^{1-\sigma(\omega)}$。如果出口企业的成本低于 $c^{mD}(P_1^{hmD},\ \tau_1^{hm})=\left[\frac{K^{mh}(1-\beta)}{a_1^{mh}e_1^{mh}}\right]^{\frac{1}{1-\sigma_1^{hm}}}$，它将服务于 h 国市场；如果 h 国企业生产成本低于 $c_1^{hD}(P_1^{hhD})=\left[\frac{K^{hh}(1-\beta)}{a_1^{hh}e_1^{hh}}\right]^{\frac{1}{1-\sigma_1^{hh}}}$，它将服务于国内市场。每个公司为一个国家提供服务的投资与另一个国家的价格指数无关。

根据 $c_s^{hhD}=\left[\frac{K^{hh}(1-\beta)}{a_s^{hh}e_s^{hh}}\right]^{\frac{1}{1-\sigma_s^{hh}}}$，$c_s^{mhD}=\left[\frac{K^{mh}(1-\beta)}{a_s^{mh}e_s^{mh}}\right]^{\frac{1}{1-\sigma_s^{mh}}}$，$e_i^{hh}=L^h\times\sum_1^N\frac{\alpha(\omega)\,y(\omega)\,(p_i^{hh})^{\sigma_i^{hh}-\sigma(\omega)}}{[P^h(\omega)]^{1-\sigma(\omega)}}$，$e_i^{mh}=L\sum_1^N\frac{\alpha(\omega)\,y(\omega)\,(p_i^{mh})^{\sigma_i^{mh}-\sigma(\omega)}}{[P^h(\omega)]^{1-\sigma(\omega)}}$，

$a_i^{hh}=(\sigma_i^{hh})^{-\sigma_i^{hh}}(\sigma_i^{hh}-1)^{\sigma_i^{hh}-1}$，以及 $a_i^{mh}=(\tau_i^{hm}\sigma_i^{mh})^{-\sigma_i^{mh}}\left[\frac{(\sigma_i^{mh}-1)}{d}\right]^{\sigma_i^{mh}-1}$，可以得到确定性条件下 h 国和 m 国企业进入 h 国市场的边际成本阈值变化，其分别满足：

$$\widehat{c}_s^{hD}=[K^{hh}\ (1-\beta)]^{\widehat{(\frac{1}{1-\sigma_s^{hh}})}}[(\sigma_s^{hh})^{\widehat{\frac{\sigma_s^{hh}}{1-\sigma_s^{hh}}}}(e_s^{hh})^{\frac{1}{\sigma_s^{hh}-1}}](\widehat{\sigma_s^{hh}-1})$$

$$\widehat{c}_s^{mD}=[K^{mh}\ (1-\beta)]^{\widehat{(\frac{1}{1-\sigma_s^{hm}})}}[(\tau_s^{hm}\sigma_s^{hm})^{\widehat{\frac{\sigma_s^{hm}}{1-\sigma_s^{hm}}}}(e_s^{mh})^{\frac{1}{\sigma_s^{hm}-1}}](\widehat{\sigma_s^{hm}-1})$$

将确定性条件下的边际成本阈值变化代入式（4－24）中，我们可以得到任何状态确定性条件 s 下的价格指数变化，其满足：

$$[\widehat{P}_s^{hD}\ (\omega)]^{1-\sigma(\omega)}=\sum_1^M I^m\ (\widehat{\tau}_s^{hm})^{1-\sigma(\omega)}\left(\frac{\widehat{\sigma}_s^{hm}}{\widehat{\sigma}_s^{hm}-1}\right)^{1-\sigma(\omega)}$$
$$\times\ \{[K^{mh}(\widehat{1-\beta})]^{\frac{1}{1-\sigma_s^{hm}}}\}\ [\ (\tau_s^{hm}\sigma_s^{hm})^{\widehat{\frac{\sigma_s^{hm}}{1-\sigma_s^{hm}}}}(e_s^{mh})^{\frac{1}{\sigma_s^{hm}-1}}]\ (\widehat{\sigma_s^{hm}-1})^{k+1-\sigma(\omega)}$$
$$+\ (1-\sum_1^m I^m)\left(\frac{\widehat{\sigma}_s^{hh}}{\widehat{\sigma}_s^{hh}-1}\right)^{1-\sigma(\omega)}\langle\ \{[K^{hh}(\widehat{1-\beta})]^{\frac{1}{1-\sigma_s^{hh}}}\}\ [(\sigma_s^{hh})^{\frac{\sigma_s^{hh}}{1-\sigma_s^{hh}}}\ (e_s^{hh})^{\widehat{\frac{1}{\sigma_s^{hh}-1}}}]$$
$$\times(\widehat{\sigma_s^{hh}-1})\rangle^{k+1-\sigma(\omega)}$$

进一步地，假设存在一种偏好分布（消费者偏好离散度低），使关税从 τ_1 上升到 τ_2 后的整体偏好 σ_i^{hh} 和 σ_i^{hm} 不变，且 $e_1^{hh}>e_2^{hh}$，$e_1^{mh}>e_2^{mh}$。由于 $\frac{\widehat{\sigma}_1^{hm}}{\widehat{\sigma}_s^{hm}-1}=\widehat{\left(\frac{\sigma_s^{hm}}{\sigma_s^{hm}-1}\right)}$，$\frac{\widehat{\sigma}_s^{hh}}{\widehat{\sigma}_s^{hh}-1}=\widehat{\left(\frac{\sigma_s^{hh}}{\sigma_s^{hh}-1}\right)}$，所以此时 $\frac{\widehat{\sigma}_s^{hm}}{\widehat{\sigma}_s^{hm}-1}=\frac{\widehat{\sigma}_s^{hh}}{\widehat{\sigma}_s^{hh}-1}=1$，那么：

$$[\widehat{P}_1^{hD}\ (\omega)]^{1-\sigma(\omega)}=\sum_1^M I^m\ (\widehat{\tau}_1^{hm})^{1-\sigma(\omega)}[(\widehat{\tau}_1^{hm})^{\frac{\sigma_1^{hm}}{1-\sigma_1^{hm}}}(\widehat{e}_1^{mh})^{\frac{1}{\sigma_1^{hm}-1}}]^{k+1-\sigma(\omega)}$$
$$+\ (1-\sum_1^m I^m)\ [(\widehat{e}_1^{hh})^{\frac{1}{\sigma_1^{hh}-1}}]^{k+1-\sigma(\omega)}\qquad(4-25)$$

在式（4－25）中，当 h 国对所有国家的关税从 τ_1 上升到 τ_2 后，由于 $\sigma\ (\omega)<k+1$，所以 $(\widehat{\tau}_1^{hm})^{1-\sigma(\omega)}[(\widehat{\tau}_1^{hm})^{\frac{\sigma_1^{hm}}{1-\sigma_1^{hm}}}(\widehat{e}_1^{mh})^{\frac{1}{\sigma_1^{hm}-1}}]^{k+1-\sigma(\omega)}>1$，$[(\widehat{e}_1^{hh})^{\frac{1}{\sigma_1^{hh}-1}}]^{k+1-\sigma(\omega)}>1$，进而得到 $[\widehat{P}_1^{hD}\ (\omega)]^{1-\sigma(\omega)}>1$，即 $\widehat{P}_1^{hD}\ (\omega)\ <1$。

据此可以得到与结论3.8相同的结论，即关税的上升会导致消费者个体价格指数上升，造成消费者个体贸易利益损失。值得注意的是，由于h国消费者从多个国家进口，当h国对部分国家的关税上升，对部分国家的关税下降，对部分国家的关税不变时，$\widehat{P}_1^{hD}(\omega)$与1的大小不仅取决于实际关税的变化，还取决于$h$国消费者对$m$国产品的支出份额（进口渗透率）。据此可得到如下结论：

结论4.4：在确定性条件下，由于出口国竞争效应的存在，消费者个体贸易利益受到不同国家关税实际变化和进口渗透率的影响，一个国家关税上升造成的贸易利益损失可能因其他国家关税下降而吸收。

在同样的假设条件下，通过求导分析发现，$\frac{\partial \ln \widehat{P}_1^{hD}(\omega)}{\partial \sigma(\omega)}>0$，即$\ln \widehat{P}_1^{hD}(\omega)$随$\sigma(\omega)$的上升而上升。而$\ln \widehat{P}_1^{hD}(\omega)$随$\widehat{P}_1^{hD}(\omega)$的上升而上升，所以$\widehat{P}_1^{hD}(\omega)$随$\sigma(\omega)$的上升而上升。当$\widehat{P}_1^{D}(\omega)>1$时，$\sigma(\omega)$越大的消费者个体贸易利益收益越多；当$\widehat{P}_1^{hD}(\omega)<1$时，$\sigma(\omega)$越大的消费者个体贸易利益损失越小。由此可见：

结论4.5：虽然出口国竞争效应的存在使消费者个体贸易利益未必受损，但是在同等条件下，$\sigma(\omega)$越大的消费者，其获得的贸易利益收益越高，受到的贸易利益损失越低。

当一个国家的产品关税上升，产品替代弹性高的消费者个体可以转向消费其他国家产品，进而规避关税的影响，减少贸易利益损失；当其他国家产品关税下降时，产品替代弹性高的消费者个体甚至可以获得正的贸易利益。而产品替代弹性低的消费者个体承受更多的贸易利益损失，或者得到较少的贸易利益。

二　不确定性条件下的贸易政策

结合式（3-30）和式（3-31），可以得到贸易政策不确定性条件下的边际成本阈值变化：

$$\widehat{c}_1^{hU}=U(O^{hh},\gamma^{hm})\{[K^{hh}\widehat{(1-\beta)}]^{\frac{1}{1-\sigma_1^{hh}}}\}[(\sigma_1^{hh})^{\widehat{\frac{\sigma_1^{hh}}{1-\sigma_1^{hh}}}}(e_1^{hh})^{\frac{1}{\sigma_1^{hh}-1}}]\widehat{(\sigma_1^{hh}-1)}$$

$$\widehat{c}_1^{mU}=U(O^{mh},\gamma^{hm})\{[K^{mh}\widehat{(1-\beta)}]^{\frac{1}{1-\sigma_1^{hm}}}\}[(\tau_1^{hm}\sigma_1^{hm})^{\widehat{\frac{\sigma_1^{hm}}{1-\sigma_1^{hm}}}}(e_1^{mh})^{\frac{1}{\sigma_1^{m}-1}}]\widehat{(\sigma_1^{hm}-1)}$$

将贸易政策不确定性条件下的边际成本阈值变化代入式（4－24）中，可以得到不确定性条件下价格指数相对于确定性条件下的变化：

$$\begin{aligned}[\widehat{P}_1^{hU}(\omega)]^{1-\sigma(\omega)} &= \sum_1^M I^m(\widehat{\tau}_1^{hm})^{1-\sigma(\omega)}\left(\frac{\widehat{\sigma}_1^{hm}}{\widehat{\sigma}_1^{hm}-1}\right)^{1-\sigma(\omega)} \\ &\times\langle U(O^{mh},\gamma^{hm})\{[K^{mh}\widehat{(1-\beta)}]^{\frac{1}{1-\sigma_1^{hm}}}\}[(\tau_1^{hm}\sigma_1^{hm})^{\widehat{\frac{\sigma_1^{hm}}{1-\sigma_1^{hm}}}}(e_1^{mh})^{\frac{1}{\sigma_1^{m}-1}}] \\ &\times\widehat{(\sigma_1^{hm}-1)}\rangle^{k+1-\sigma(\omega)}+(1-\sum_1^M I^m)\left(\frac{\widehat{\sigma}_1^{hh}}{\widehat{\sigma}_1^{hh}-1}\right)^{1-\sigma(\omega)} \\ &\times\langle U(O^{hh},\gamma^{hm})\{[K^{hh}\widehat{(1-\beta)}]^{\frac{1}{1-\sigma_1^{hh}}}\}[(\sigma_1^{hh})^{\widehat{\frac{\sigma_1^{hh}}{1-\sigma_1^{hh}}}}(e_1^{hh})^{\frac{1}{\sigma_1^{hh}-1}}] \\ &\times\widehat{(\sigma_1^{hh}-1)}\rangle^{k+1-\sigma(\omega)}\end{aligned}\tag{4－26}$$

与式（3－32）相同，式（4－26）能同时捕捉由于关税和贸易政策不确定性变化而导致的消费者个体贸易利益变化，且能够得到与结论3.10完全相同的结论。但是，关税和贸易政策不确定性变化导致的消费者个体贸易利益如何变化仍然不够明朗。进一步地，在与“确定性政策基准”小节中相同的假设条件下，可以将$[\widehat{P}_1^{hU}(\omega)]^{1-\sigma(\omega)}$改写为：

$$\begin{aligned}&[\widehat{P}_1^{hU}(\omega)]^{1-\sigma(\omega)} \\ &=\sum_1^M I^m(\widehat{\tau}_1^{hm})^{1-\sigma(\omega)}[U(O^{mh},\gamma^{hm})(\widehat{\tau}_1^{hm})^{\frac{\sigma_1^{hm}}{1-\sigma_1^{hm}}}(\widehat{e}_1^{mh})^{\frac{1}{\sigma_1^{m}-1}}]^{k+1-\sigma(\omega)} \\ &\quad+(1-\sum_1^M I^m)[U(O^{hh},\gamma^{hm})(\widehat{e}_1^{hh})^{\frac{1}{\sigma_1^{hh}-1}}]^{k+1-\sigma(\omega)}\end{aligned}\tag{4－27}$$

当所有国家的关税未发生实际变化时，即$\widehat{\tau}_1^{hm}=1$，式（4－27）可进一步改写为：

$$\begin{aligned}&[\widehat{P}_1^{hU}(\omega)]^{1-\sigma(\omega)} \\ &=\sum_1^M I^m[U(O^{mh},\gamma^{hm})]^{k+1-\sigma(\omega)}\end{aligned}$$

$$+\left(1-\sum_{1}^{M}I^{m}\right)\left[U\left(O^{hh},\ \gamma^{hm}\right)\right]^{k+1-\sigma(\omega)} \tag{4-28}$$

当所有国家的贸易政策都存在不确定性时，即 $U\left(O^{mh},\ \gamma^{hm}\right)<1$，$U\left(O^{hh},\ \gamma^{hm}\right)<1$，即使实际关税未发生变化，由于 $k+1>\sigma(\omega)$，所以 $\left[U\left(O^{mh},\ \gamma^{hm}\right)\right]^{k+1-\sigma(\omega)}<1$，$\left[U\left(O^{hh},\ \gamma^{hm}\right)\right]^{k+1-\sigma(\omega)}<1$。进而可以得到 $\widehat{P}_{1}^{hU}(\omega)>1$，这说明当所有国家的贸易政策都存在不确定性时，$h$ 国消费者的贸易利益受到损失。值得注意的是，当任何一个国家的贸易政策存在不确定性，而其他国家的贸易政策确定时，上述结论也成立。而当所有国家的贸易政策不确定性被消除（$U>1$）时，$\widehat{P}_{1}^{hU}(\omega)>1$，消费者个体将获得正的贸易利益。

但是，当任意两个对称国的贸易政策存在完全相反的变化路径时［一个国家的贸易政策不确定性 $U\left(O^{mh},\ \gamma^{hm}\right)<1$，而另一个对称国的贸易政策不确定性 $U\left(O^{Mh},\ \gamma^{hM}\right)>1$，其他国家贸易政策不确定性 $U\left(O^{mh},\ \gamma^{hm}\right)=1$］，消费者个体的贸易利益甚至将无实际变化。详细来讲，由于两国完全对称，消费者从两国进口的支出份额完全相同，所以：

$$\begin{aligned}&I^{m}\left[U\left(O^{mh},\ \gamma^{hm}\right)\right]^{k+1-\sigma(\omega)}+I^{M}\left[U\left(O^{Mh},\ \gamma^{hM}\right)\right]^{k+1-\sigma(\omega)}\\=&I^{m}\left[U\left(O^{mh},\ \gamma^{hm}\right)\right]^{k+1-\sigma(\omega)}+I^{m}\left[U\left(O^{Mh},\ \gamma^{hM}\right)\right]^{k+1-\sigma(\omega)}\\=&I^{m}\left\{\left[U\left(O^{mh},\ \gamma^{hm}\right)\right]^{k+1-\sigma(\omega)}+\left[U\left(O^{Mh},\ \gamma^{hM}\right)\right]^{k+1-\sigma(\omega)}\right\}\end{aligned}$$

显然，如果两国贸易政策不确定性变化路径完全相反以至 $\left[U\left(O^{mh},\ \gamma^{hm}\right)\right]^{k+1-\sigma(\omega)}+\left[U\left(O^{Mh},\ \gamma^{hM}\right)\right]^{k+1-\sigma(\omega)}=1$，则 $\widehat{P}_{1}^{hU}(\omega)=1$。将此情况扩展到一般：当部分国家贸易政策确定（$U=1$），部分国家贸易政策不确定（$U<1$），其他国家贸易政策不确定性被消除（$U>1$），以至 $\widehat{P}_{1}^{hU}(\omega)=1$ 时，消费者个体贸易利益无变化。

通过以上分析，可以得出如下结论：

结论4.6：在贸易政策不确定性条件下，由于出口国竞争效应的存在，消费者个体贸易利益受到不同国家贸易政策不确定性和进口渗透率的影响，一个国家贸易政策不确定性造成的贸易利益损失可能因其他国家贸易政策不确定性的消除而吸收。换言之，出口国之间的竞争效应，可以自动消除消费者个体的贸易利益损失，甚至给消费者个体带来正的贸易利益。

三　TPU 与消费者个体贸易利益分配

通过$\widehat{P}_1^{hU}(\omega)$对$U(O^{mh},\gamma^{hm})$和$U(O^{hh},\gamma^{hm})$求导，可以发现，由于$k+1>\sigma(\omega)$，所以$\frac{\partial \widehat{P}_1^{hU}(\omega)}{\partial U(O^{mh},\gamma^{hm})}<0$，$\frac{\partial \widehat{P}_1^{hU}(\omega)}{\partial U(O^{hh},\gamma^{hm})}<0$，$\widehat{P}_1^{hU}(\omega)$随$U(O^{mh},\gamma^{hm})$和$U(O^{hh},\gamma^{hm})$的增加而下降。如下结论是成立的：

结论 4.7：当所有或部分国家贸易政策都存在不确定性，以至$\widehat{P}_1^{hU}(\omega)>1$时，贸易政策不确定性越低［$U(O^{hh},\gamma^{hm})$越远离 0］，价格指数变化幅度越小，消费者个体贸易利益损失越低。①当所有或部分国家贸易政策不确定性被消除，以至$\widehat{P}_1^{hU}(\omega)<1$时，贸易政策不确定性越低，价格指数变化幅度越高，消费者个体贸易利益收益越高。②

基于式（4－27），当所有国家的贸易政策都不确定时，$U(O^{mh},\gamma^{hm})<1$，$U(O^{hh},\gamma^{hm})<1$，$\widehat{P}_1^{hU}(\omega)>1$。令$B=[\widehat{P}_1^{hU}(\omega)]^{1-\sigma(\omega)}$，则有$\frac{\partial B}{\partial \sigma(\omega)}>0$。由于当$\widehat{P}_1^{hU}(\omega)$给定时，$B=[\widehat{P}_1^{hU}(\omega)]^{1-\sigma(\omega)}$随$\sigma(\omega)$的增加而下降。所有，必定有$\widehat{P}_1^{hU}(\omega)$随$\sigma(\omega)$的增加而下降。这说明，消费者个体的替代弹性越高，其受到的贸易利益损失越低。

但是，当部分国家贸易政策不确定性满足$U(O^{mh},\gamma^{hm})>1$，

---

①　当$\widehat{P}_1^{hU}(\omega)>1$时，贸易政策不确定性越低，$\widehat{P}_1^{hU}(\omega)$越小，说明不确定性条件下的价格指数与确定性条件下的价格指数差异越小，消费者个体的贸易利益损失越小。

②　当$\widehat{P}_1^{hU}(\omega)<1$时，贸易政策不确定性越低，$\widehat{P}_1^{hU}(\omega)$越小，说明不确定性条件下的价格指数越低于确定性条件下的价格指数，即消费者个体获得正的贸易利益越高。

使$\frac{\partial B}{\partial \sigma(\omega)}<0$，$\widehat{P}_1^{hU}(\omega)<1$时，$\widehat{P}_1^{hU}(\omega)$随$\sigma(\omega)$的增加而下降，消费者个体的替代弹性越高，其获得的贸易利益越高。当部分国家贸易政策不确定性满足$U(O^{mh},\gamma^{hm})>1$，使$\frac{\partial B}{\partial \sigma(\omega)}=0$，消费者个体受到的贸易利益损失或者获得的贸易利益收益无差异。

通过以上分析可以得出如下结论：

结论4.8：当所有国家的贸易政策都不确定时，消费者个体的替代弹性越高，其受到的贸易利益损失越低；当部分国家贸易政策不确定性满足$U(O^{mh},\gamma^{hm})>1$时，由于出口国竞争效应，消费者可能获得正的贸易利益，且替代弹性越高的消费者获得的贸易利益越高，但是这种个体差异也可能因出口国竞争而完全消失。

第四节　贸易政策不确定性影响的消除

一　贸易政策不确定性影响的自动消除

正如第三节所发现的一样，由于出口国竞争效应，贸易政策不确定性的影响可以自动消除。当部分国家贸易政策不确定性满足$U(O^{mh},\gamma^{hm})>1$，使$\widehat{P}_1^{hU}(\omega)=1$时，其他国家的贸易政策不确定性对消费者个体的影响被这部分国家所吸收。$U(O^{mh},\gamma^{hm})>1$是可能存在的，根据定义，$U(O^{mh},\gamma^{hm})=\left\{\frac{[1+\mu(\gamma^{hm})O^{mh}]}{[1+\mu(\gamma^{hm})]}\right\}^{\frac{1}{\sigma_1^{hm}-1}}$，$U(O^{mh},\gamma^{hm})$与1的大小关系取决于$O^{mh}$与1的大小关系。在本章的假设前提下，$O^{mh}$是关税变化前后的企业利润变化。当一国关税从高保护水平下降到低保护水平时，$O^{mh}>1$，所以存在$U(O^{mh},\gamma^{hm})>1$。值得注意的是，消费者个体贸易利益是否受损，还取决于其从m国进口的支出份额。所以如下结论成立：

结论4.9：在多国情形下，当存在其他国家关税向低保护水平变化，且从这些国家进口的支出份额达到一定的水平时，消费者个体贸易利益将不受贸易政策不确定性的影响。当然，由于这种不确定性影响的自动消除受制于消费者个体的进口支出份额，所以不具备一般性。

二　贸易政策

在第三章的两国情形中，通过讨论发现，$U(O^m, \gamma)$ 和 $U(O^h, \gamma)$ 随 γ、λ_2 和 τ_2 的上升而下降，进而提出通过签订优惠贸易协定，限制关税变化的可能性、关税上升的可能性和关税上升的幅度，从而降低贸易政策不确定性，消除贸易政策不确定性的影响。在多国情形下，仍然有 $U(O^{mh}, \gamma^{hm})$ 和 $U(O^{hh}, \gamma^{hm})$ 随 γ^{hm}、λ_2^{hm} 和 τ_2^{hm} 的上升而下降，所以签订优惠贸易协定仍然是多国情形下降低贸易政策不确定性、消除贸易政策不确定性影响的重要贸易政策。然而，在多国情形下，需要考虑和什么样的国家签订优惠贸易协定，签订双边贸易协定还是多边贸易协定等问题。

结合式（4－28）和结论4.6，可以发现，消费者对一国产品支出份额越高，该国不确定性影响越大。所以如下结论成立：

结论4.10：在签订优惠贸易协定时，应该选择那些在本国消费支出中占有较高份额的产品生产国。

如果 h 国和 m 国签订双边优惠贸易协定，使 $U(O^{mh}, \gamma^{hm}) \geqslant 1$，式（4－28）中的 $\widehat{P}_1^{hU}(\omega)$ 仍然可能大于1，消费者个体仍然可能遭受贸易利益损失。如果 h 国分别和所有出口国签订双边优惠贸易协定，使所有国家贸易政策不确定性满足 $U(O^{mh}, \gamma^{hm}) \geqslant 1$，那么式（4－28）中的 $\widehat{P}_1^{hU}(\omega)$ 将小于或者等于1，消费者个体贸易利益不受损害。但是，双边贸易协定是不稳定的，只要任意两国贸易政策不确定性存在差异，出口国竞争效应就存在，消费者会通过选择贸易政策不确定性最小甚至被消除的国家的产品。最终博弈的结果是，所有国家的贸易政策不确定性都接近同一水平，这与多边贸易协定思想不谋而合。如果所有 h 国和所有 m 国签订多边贸易协定，所有国家的贸易政策不确定性都相同且满足 $U(O^{mh}, \gamma^{hm}) \geq 1$，出口国竞争效应消失，达到多国情形下的稳定状态。通过以上分析，可以得出结论：

结论 4.11：虽然双边优惠贸易协定可以限制关税变化的可能性、关税上升的可能性和关税上升的幅度，从而降低贸易政策不确定性，消除贸易政策不确定性的影响，但它不是稳定的。而多边贸易协定是国家之间博弈后的必然结果，也是最稳定的结果。

从全球性贸易组织 WTO、区域性贸易同盟欧盟、区域贸易协定 TPP 和 RCEP 的发展历程来看，多边优惠贸易协定会吸引越来越多的国家加入。更重要的是，多边贸易协定涵盖的贸易份额越来越高（见图 2-5）。所以，无论是从历史经验，还是理论分析角度来看，多边优惠贸易协定是降低贸易政策不确定性、消除贸易政策不确定性影响的重要贸易政策。

三　产业政策

在第三章中，外国企业补贴和国内企业补贴都能从一定程度上消除贸易政策不确定性的影响。由于本章未把所有国家当作统一市场，所以在多国情形下，外国企业补贴和国内企业补贴同样能达到消除贸易政策不确定性对微观消费者个体贸易利益影响的效果，且补贴率与两国情形下的无差异。但是，值得注意的是，在多国情形下，不是所有的国家都有能力对本国出口企业进行补贴。而且，结合结论 4.2，出口国企业可以根据自身的生产效率选择出口市场，当其在一国市场上遭受贸易政策不确定性影响时，可以通过贸易转移降低损失。所以，出口国政府并不需要对其企业进行补贴。如下结论成立：

结论 4.12：在多国情形下，国内企业补贴是消除贸易政策不确定性对消费者个体贸易利益影响的重要产业政策。

但是，相比于贸易政策，产业政策略逊一筹。一方面，产业补贴成本高，在本国企业利益未受到实质性损害时，产业补贴政策很难真正实施；另一方面，产业补贴虽然能够弥补消费者贸易利益损失，但是过度的补贴会导致市场混乱，造成资源误置。无论是从成本收益角度，还是从市场发展来看，多边优惠贸易协定是最优的选择。通过签订优惠贸易协定，构建开放型世界经济，将所有国家纳入一个体系，奠定未来贸易政策基调，维护全球经贸健康发展的信念，才能从根源上降低不确定性，消除不确定性的影响。

本章小结

本章在多国情形下讨论了贸易政策不确定性对异质性消费者个体贸易利益分配的影响。第一，进口国之间关税、贸易政策不确定性、消费者偏好和支出结构差异会产生一种竞争效应，当遭受贸易政策不确定性影响时，出口国企业可以根据自身的生产效率选择出口市场，从而规避贸易政策不确定性影响。第二，进口国可以根据出口国的贸易政策不确定性差异，选择进口哪国产品，从而规避贸易政策不确定性影响，所以出口国之间也存在竞争效应。而且，这种竞争效应可以自动消除贸易政策不确定性和关税对消费者个体贸易利益造成的损失，甚至给消费者个体带来正的贸易利益。第三，当所有国家的贸易政策都不确定时，消费者个体的替代弹性越高，其受到的贸易利益损失越低；当部分国家贸易政策不确定性消除时，由于出口国竞争效应，消费者可能获得正的贸易利益，且替代弹性越高的消费者获得的贸易利益越高，但是这种个体差异也可能因出口国竞争而完全消失。第四，在多国情形下，由于出口企业可以根据自身的生产率选择出口市场，所以当遭受贸易政策不确定性影响时，出口国政府并不需要对其企业进行补贴，而国内企业补贴是消除贸易政策不确定性对微观消费者个体贸易利益影响的重要产业政策。第五，在签订优惠贸易协定时，应该选择那些在本国消费支出中占有较高份额的产品生产国。第六，虽然双边优惠贸易协定可以限制关税变化的可能性、关税上升的可能性和关税上升的幅度，从而降低贸易政策不确定性，消除贸易政策不确定性的影响，但它不是稳定的。而多边贸易协定是国家之间博弈后的必然结果，也是最稳定、最优的结果。

第五章

经验研究:基于中国“入世”的准自然实验

在1929年世界经济陷入大萧条之后，全球不确定性激增，美国率先实施贸易保护措施，出台《斯穆特—霍利关税法》，将平均关税提高到历史高点52%。[①] 随后，其他国家相继采取报复措施，比如加拿大的进口配额和英国的特惠制。[②] 但是，贸易保护并未实现美国“保护国内产业、复苏经济”的愿景。在持续近10年的经济低迷后，美国最终选择互惠贸易。[③] 1934年，美国出台了《互惠贸易法案》（Reciprocal Trade Agreement Act，RATT），打破贸易僵局，并积极推动全球范围内的自由贸易。在此背景下产生的关贸总协定（General Agreement on Tariffs and Trade，GATT）发展为当前较为全面的多边贸易体系WTO，并促进了世界经济长达70年的增长。

世贸组织和其他许多贸易协定都明确指出，它们的宗旨之一就是确保贸易流动的顺畅、可预见性以及尽可能的自由。特别是WTO

① 科依勒·巴格威尔、罗伯特·W. 思泰格尔:《世界贸易体系经济学》，中国人民大学出版社2002年版，第48页。

② 帝国特惠制：英国与英联邦其他成员之间贸易优待制度，成员之间的商品进口征收低关税或者免税，而非成员的商品进口征收高关税，以阻止美国及其他国家势力渗入英联邦市场。

③ 学术界将1929—1933年的经济衰退称为经济危机，而20世纪30年代的大萧条则是指1929—1938年近10年的经济衰退。

成员作出承诺，应用关税不超过约束关税税率。所以，WTO 不仅降低了实际关税，还降低了关税层面的贸易政策不确定性。在加入 WTO 后，中国贸易迅速发展。无论是从关税角度，还是从贸易政策不确定性角度，大量的理论和经验研究都证实了“入世”对中国经贸发展的贡献。但是，这类研究都集中在不确定性对供给侧生产者行为和宏观经济指标的影响。现有文献既没有从理论角度研究贸易政策不确定性对需求侧微观消费者个体贸易利益的影响，也没有从经验角度检验这种影响。本章以中国“入世”为准自然实验，研究中美贸易政策不确定性对中国消费者个体利益及分配的影响，并将其他 WTO 成员视为一个整体，研究美国和其他 WTO 成员之间竞争效应对消费者个体贸易利益及分配的影响。本章的经验研究，既是对第三章和第四章结论的验证，也是对开放型世界经济发展的经验验证。

首先在第三章的理论基础上进行经验研究，本章验证贸易政策不确定性和实际关税对消费者贸易利益的影响及其分配效应。其次，对消费者价格指数进行分解，横向分解为国内品价格指数和进口品价格指数，纵向分解为种类效应和价格效应，以探究贸易政策不确定性影响消费者个体贸易利益分配的机制。最后，在第四章的理论基础上，引入出口国竞争效应和进口国竞争效应，探讨在第三国存在的情况下，出口国间贸易政策不确定性和关税竞争、进口国间贸易政策不确定性和关税竞争，对消费者个体贸易利益及其分配的影响。

第一节　计量模型设定

一　影响因素分解

为了验证优惠贸易协定对降低贸易政策不确定性、消除贸易政策不确定性对消费者贸易利益损害的积极作用，本书定义中间贸易保护水平和低贸易保护水平（优惠贸易协定）条件下的消费者价格指数满足：

$$\widehat{P}_{10}(\omega)=\frac{P_1^U(\omega)}{P_0^D(\omega)}=\underbrace{\frac{P_1^U(\omega)}{P_1^D(\omega)}}_{\text{TPU效应}}h\underbrace{\frac{P_1^D(\omega)}{P_0^D(\omega)}}_{\text{实际关税效应}}=\underbrace{\widehat{P}_{11}^U(\omega)}_{\text{TPU效应}}h\underbrace{\widehat{P}_{10}^D(\omega)}_{\text{实际关税效应}} \tag{5-1}$$

$\widehat{P}_{11}^U(\omega)$ 表示实际关税不发生变化时、由贸易政策不确定性导致的价格指数变化，$\widehat{P}_{10}^D(\omega)$ 表示贸易政策确定时，关税从低贸易保护水平上升到中间贸易保护水平的价格指数变化。通过式（5－1），本书将优惠贸易协定带来的消费者贸易利益分为贸易政策不确定性下降和实际关税下降带来的福利两部分。

根据式（3－29）和式（3－34），可以得到：

$$\begin{aligned}\widehat{P}_{10}^D(\omega)=\Big\{&I(\omega)(\widehat{\tau}_{10})^{1-\sigma(\omega)}\Big[(\widehat{\tau}_{10})^{\frac{\sigma_1^m}{1-\sigma_1^m}}(\widehat{e}_{10}^{m})^{\frac{1}{\sigma_1^m-1}}\Big]^{k+1-\sigma(\omega)}\\&+[1-I(\omega)]\Big[(\widehat{e}_{10}^{h})^{\frac{1}{\sigma_1^h-1}}\Big]^{k+1-\sigma(\omega)}\Big\}^{\frac{1}{1-\sigma(\omega)}}\end{aligned} \tag{5-2}$$

$$\begin{aligned}\widehat{P}_{11}^U(\omega)=\Big\{&I(\omega)\left[U(\delta^m,\gamma)\right]^{k+1-\sigma(\omega)}\\&+[1-I(\omega)]\left[U(\delta^h,\gamma)\right]^{k+1-\sigma(\omega)}\Big\}^{\frac{1}{1-\sigma(\omega)}}\end{aligned} \tag{5-3}$$

将式（5－2）和式（5－3）代入式（5－1）中，可以得到：

$$\begin{aligned}\widehat{P}_{10}(\omega)=\Big\{&I(\omega)\left[U(\delta^m,\gamma)\right]^{k+1-\sigma(\omega)}\\&+[1-I(\omega)]\left[U(\delta^h,\gamma)\right]^{k+1-\sigma(\omega)}\Big\}^{\frac{1}{1-\sigma(\omega)}}\\&\times\Big\{I(\omega)(\widehat{\tau}_{10})^{1-\sigma(\omega)}\Big[(\widehat{\tau}_{10})^{\frac{\sigma_1^m}{1-\sigma_1^m}}(\widehat{e}_{10}^{m})^{\frac{1}{\sigma_1^m-1}}\Big]^{k+1-\sigma(\omega)}\\&+[1-I(\omega)]\Big[(\widehat{e}_{10}^{h})^{\frac{1}{\sigma_1^h-1}}\Big]^{k+1-\sigma(\omega)}\Big\}^{\frac{1}{1-\sigma(\omega)}}\end{aligned} \tag{5-4}$$

式（5－4）两边同时取对数，可以得到：

$$\begin{aligned}\ln\widehat{P}_{10}(\omega)=&\frac{1}{1-\sigma(\omega)}2\ln I(\omega)[1-I(\omega)]\\&+[k+1-\sigma(\omega)]\left[\ln U(\delta^m,\gamma)+\ln U(\delta^h,\gamma)\right]\\&+\left\{1-\sigma(\omega)+\frac{\sigma_1^m[k+1-\sigma(\omega)]}{1-\sigma_1^m}\right\}\ln\widehat{\tau}_{10}\end{aligned}$$

$$+ [k+1-\sigma(\omega)]\left(\frac{\ln\widehat{e}_{10}^{m}}{\sigma_1^m-1}+\frac{\ln\widehat{e}_{10}^{h}}{\sigma_1^h-1}\right)$$

$$+\ln\frac{I(\omega)[U(\delta^m,\gamma)]^{k+1-\sigma(\omega)}+[1-I(\omega)][U(\delta^h,\gamma)]^{k+1-\sigma(\omega)}}{I(\omega)[U(\delta^m,\gamma)]^{k+1-\sigma(\omega)}[1-I(\omega)][U(\delta^h,\gamma)]^{k+1-\sigma(\omega)}}$$

$$+\ln\frac{I(\omega)(\widehat{\tau}_{10})^{1-\sigma(\omega)}\left[(\widehat{\tau}_{10})^{\frac{\sigma_1^m}{1-\sigma_1^m}}(\widehat{e}_{10}^{m})^{\frac{1}{\sigma_1^m-1}}\right]^{k+1-\sigma(\omega)}+[1-I(\omega)]\left[(\widehat{e}_{10}^{h})^{\frac{1}{\sigma_1^h-1}}\right]^{k+1-\sigma(\omega)}}{I(\omega)(\widehat{\tau}_{10})^{1-\sigma(\omega)}\left[(\widehat{\tau}_{10})^{\frac{\sigma_1^m}{1-\sigma_1^m}}(\widehat{e}_{10}^{m})^{\frac{1}{\sigma_1^m-1}}\right]^{k+1-\sigma(\omega)}[1-I(\omega)]\left[(\widehat{e}_{10}^{h})^{\frac{1}{\sigma_1^h-1}}\right]^{k+1-\sigma(\omega)}} \tag{5-5}$$

从式（5－4）和式（5－5）中可以看出，$\widehat{P}_{10}(\omega)$ 是不确定性、消费者支出结构、实际关税的函数。因此，结合 Handley 和 Limão（2017b），本书构建如下计量模型：

$$\ln\widehat{P}(\omega)=\theta_0+\theta_1\ln TPU+\theta_2\ln\widehat{\tau}+\theta_3\ln e+\theta_4\ln\widehat{\tau}\cdot\ln e+\theta_5\ln TPU\cdot\ln e+\varepsilon \tag{5-6}$$

其中，$\widehat{P}(\omega)$ 是价格指数变化，TPU 是贸易政策不确定性，$\widehat{\tau}$ 是实际关税变化，e 是基期的消费者支出结构，衡量了消费者异质性。估计出的关税和支出结构交互项系数、不确定性与支出结构的交互项系数，反映了关税和贸易政策不确定性对消费者贸易利益个体分配的影响。从第三章的理论推导中可以发现，国内品面临的贸易政策不确定性主要是由进口品贸易政策不确定性而导致的，所以在实证分析中，本书只考虑进口品贸易政策不确定性。

二 价格指数分解

（一）国内品和进口品价格指数分解

进一步地，为了探究贸易政策不确定性影响消费者贸易利益的渠道，本书根据式（5－3）将消费者价格指数分解为国内品价格指数和进口品价格指数。通过构建如下计量模型，分别讨论贸易政策不确定性对消费者国内品价格指数和进口品价格指数的影响。

$$\ln\widehat{P}^h(\omega)=\theta_0+\theta_1\ln TPU+\theta_2\ln\widehat{\tau}+\theta_3\ln e+\theta_4\ln\widehat{\tau}\cdot\ln e+\theta_5\ln TPU\cdot\ln e+\varepsilon \tag{5-7}$$

$$\ln\widehat{P}^m(\omega)=\theta_0+\theta_1\ln TPU+\theta_2\ln\widehat{\tau}+\theta_3\ln e+\theta_4\ln\widehat{\tau}\cdot\ln e+\theta_5\ln TPU\cdot\ln e+\varepsilon \tag{5-8}$$

其中，$\widehat{P}^h(\omega)$是国内品价格指数，$\widehat{P}^m(\omega)$是进口品价格指数。同样的，估计出的系数$\tilde{\theta}_4$和$\tilde{\theta}_5$，反映了关税和贸易政策不确定性对消费者贸易利益个体分配的影响。

（二）种类效应和价格效应分解

将式（3-7）和式（3-8）代入间接效用函数中，可以得到直接效用函数：

$$U(\omega)=\left\{\int_{i\in\mathbf{\Omega}_h}\left[\frac{y(\omega)(p_i^h)^{-\sigma(\omega)}}{[P(\omega)]^{1-\sigma(\omega)}}\right]^{\frac{\sigma(\omega)-1}{\sigma(\omega)}}\mathrm{d}i+\int_{i\in\mathbf{\Omega}_m}\left[\frac{y(\omega)(p_i^m)^{-\sigma(\omega)}}{[P(\omega)]^{1-\sigma(\omega)}}\right]^{\frac{\sigma(\omega)-1}{\sigma(\omega)}}\mathrm{d}i\right\}^{\frac{\sigma(\omega)}{\sigma(\omega)-1}}$$
$$=[P(\omega)]^{-1}y(\omega)$$

进一步地，可以得到希克斯支出函数：

$$y(\omega)=U(\omega)\left\{\int_{i\in\mathbf{\Omega}_h}(p_i^h)^{1-\sigma(\omega)}\mathrm{d}i+\int_{i\in\mathbf{\Omega}_m}(p_i^m)^{1-\sigma(\omega)}\mathrm{d}i\right\}^{\frac{1}{1-\sigma(\omega)}}$$
$$=U(\omega)P(\omega)$$

t期和$t-1$期的支出之比满足：

$$\frac{y_t(\omega)}{y_{t-1}(\omega)}=\frac{U_t(\omega)P_t(\omega)}{U_{t-1}(\omega)P_{t-1}(\omega)}$$

在贸易政策不确定性发生变化后，为了获得相同的效用$[u_t(\omega)=u_{t-1}(\omega)]$，消费者支出变化满足：

$$\frac{y_t(\omega)}{y_{t-1}(\omega)}=\frac{P_t(\omega)}{P_{t-1}(\omega)} \tag{5-9}$$

假设$\mathbf{\Omega}_{hm}\subseteq\mathbf{\Omega}_h\cup\mathbf{\Omega}_m$，则式（5-9）可改写为：

$$\frac{y_t(\omega)}{y_{t-1}(\omega)}=\left\{\frac{\int_{i\in\mathbf{\Omega}_{hm}}(p_{i,t})^{1-\sigma(\omega)}\mathrm{d}i}{\int_{i\in\mathbf{\Omega}_{hm}}(p_{i,t-1})^{1-\sigma(\omega)}\mathrm{d}i}\right\}^{\frac{1}{1-\sigma(\omega)}} \tag{5-10}$$

式（5-9）与Feenstra（1994）中的式（1）是相似的，都反映了支出是价格的函数。$Y(\omega)$对$u(\omega)$求导，便可从希克斯支出函数得到式（5－9）。结合 Feenstra（1994）中的式（3a），可以得到：

$$\frac{y_t(\omega)}{y_{t-1}(\omega)}=\frac{P_t(\omega)}{P_{t-1}(\omega)}=\prod_{i\in\boldsymbol{\Omega}_{hm}}\left(\frac{p_{i,t}}{p_{i,t-1}}\right)^{\delta_{i,t(w)}} \tag{5-11}$$

其中，$\delta_{i,t(w)}$满足：

$$\delta_{i,t}(\omega)\equiv\frac{\left(\dfrac{\vartheta_{i,t}-\vartheta_{i,t-1}}{\ln\vartheta_{i,t}-\ln\vartheta_{i,t-1}}\right)}{\int_{i\in\boldsymbol{\Omega}_{hm}}\left(\dfrac{\vartheta_{i,t}-\vartheta_{i,t-1}}{\ln\vartheta_{i,t}-\ln\vartheta_{i,t-1}}\right)} \tag{5-12}$$

而$\vartheta_{i,t}$表示产品 i 的支出在总支出中占的份额，满足：

$$\vartheta_{i,t}(\omega)\equiv\frac{p_{i,t}x_{i,t}(\omega)}{\int_{i\in\boldsymbol{\Omega}_{hm}}p_{i,t}x_{i,t}(\omega)} \tag{5-13}$$

但是，式（5－11）隐含的假设是，t 期与 $t-1$ 期消费者可选择的产品种类是相同的，即 $\boldsymbol{\Omega}_{hm,t}=\boldsymbol{\Omega}_{hm,t-1}$。本书第三章已证实，贸易政策不确定性会减少企业进入、增加企业退出，从而减少消费者可选择的产品种类数。所以，在贸易政策不确定性条件下，$\boldsymbol{\Omega}_{hm,t}\neq\boldsymbol{\Omega}_{hm,t-1}$。定义 $\boldsymbol{\Omega}_{hm,C}=\boldsymbol{\Omega}_{hm,t}\cap\boldsymbol{\Omega}_{hm,t-1}\neq\boldsymbol{\Phi}$，$\boldsymbol{\Omega}_{hm}$将 t 期新增和退出的产品集合剔除，表示在 t 期与 $t-1$ 期都存在的产品集合。进一步地，结合 Feenstra（1994）中的命题 1，可以得到：

$$\frac{y_t(\omega)}{y_{t-1}(\omega)}=\frac{P_t(\omega)}{P_{t-1}(\omega)}=\underbrace{\left(\frac{\xi_t(\omega)}{\xi_{t-1}(\omega)}\right)^{\frac{1}{\sigma(\omega)-1}}}_{\text{种类效应}}\underbrace{\prod_{i\in\boldsymbol{\Omega}_{hm,C}}\left(\frac{p_{i,t}}{p_{i,t-1}}\right)^{\delta_{i,t}(\omega)}}_{\text{价格效应}} \tag{5-14}$$

对式（5－14）取对数可以得到：

$$\begin{aligned}\ln\frac{y_t(\omega)}{y_{t-1}(\omega)}&=\ln\frac{P_t(\omega)}{P_{t-1}(\omega)}\\&=\underbrace{\frac{1}{\sigma(\omega)-1}\ln\frac{\xi_t(\omega)}{\xi_{t-1}(\omega)}}_{\text{种类效应}}\end{aligned}$$

$$+\underbrace{\int_{i\in\boldsymbol{\Omega}_{hm,C}}\delta_{i,t}(\omega)\ln\frac{p_{i,t}}{p_{i,t-1}}\mathrm{d}i}_{\text{价格效应}} \tag{5-15}$$

其中，ξ_t 表示 t 期和 $t-1$ 期持续存在的产品在 t 期总产品支出中的份额，ξ_{t-1} 表示 t 期和 $t-1$ 期持续存在的产品在 $t-1$ 期总产品支出中的份额。ξ_t 等于 1 减去 t 期新增产品支出份额，ξ_t 越小，$\frac{P_t(\omega)}{P_{t-1}(\omega)}$ 就越小。换句话说，ξ_t 越小，说明新增产品支出份额越高，价格指数变化越小。ξ_{t-1} 等于 1 减去 t 期退出的产品支出份额，ξ_{t-1} 越小，退出产品支出份额越高，价格指数变化越大。$\xi_t(\omega)$ 和 $\xi_{t-1}(\omega)$ 满足：

$$\xi_t(\omega)=\frac{\int_{i\in\boldsymbol{\Omega}_{hm,C}}p_{i,t}x_{i,t}(\omega)}{\int_{i\in\boldsymbol{\Omega}_{hm,t}}p_{i,t}x_{i,t}(\omega)}$$

$$\xi_{t-1}(\omega)=\frac{\int_{i\in\boldsymbol{\Omega}_{hm,C}}p_{i,t-1}x_{i,t-1}(\omega)}{\int_{i\in\boldsymbol{\Omega}_{hm,t-1}}p_{i,t-1}x_{i,t-1}(\omega)}$$

式（5-15）中的 $\int_{i\in\boldsymbol{\Omega}_{hm,C}}\delta_{i,t}(\omega)\ln\frac{p_{i,t}}{p_{i,t-1}}\mathrm{d}i$ 反映了因价格变化而引起的价格指数变化，$\frac{1}{\sigma(\omega)-1}\ln\frac{\xi_t(\omega)}{\xi_{t-1}(\omega)}$ 反映了因产品种类变化而引起的价格指数变化。根据 $\frac{y_t(\omega)}{y_{t-1}(\omega)}$，可以得到贸易政策变化后，消费者为保持与基期相同的效用而应该获得的收入补偿 $\Delta y\equiv\left[\frac{y_t(\omega)}{y_{t-1}(\omega)}-1\right]y_{t-1}(\omega)$。在给定 $y_{t-1}(\omega)$ 时，$\frac{y_t(\omega)}{y_{t-1}(\omega)}$ 越高，收入补偿越高，贸易利益损失越高；$\frac{y_t(\omega)}{y_{t-1}(\omega)}$ 越低，收入补偿越低，贸易利益损失越低。结合 CES 下价格指数反映消费者福利，以及保持效用不变的收入补偿，本书可以将贸易政策不确

定性条件下的贸易利益损失分为价格效应和种类效应。通过下面两个计量模型可以验证不确定性影响消费者贸易利益分配的途径和机制。

$$\ln\widehat{P}^{种类}(\omega) = \theta_0 + \theta_1\ln TPU + \theta_2\ln\widehat{\tau} + \theta_3\ln e + \theta_4\ln\widehat{\tau}\cdot\ln e + \theta_5\ln TPU\cdot\ln e + \varepsilon \qquad (5-16)$$

$$\ln\widehat{P}^{价格}(\omega) = \theta_0 + \theta_1\ln TPU + \theta_2\ln\widehat{\tau} + \theta_3\ln e + \theta_4\ln\widehat{\tau}\cdot\ln e + \theta_5\ln TPU\cdot\ln e + \varepsilon \qquad (5-17)$$

同样地，估计出的系数$\tilde{\theta}_4$和$\tilde{\theta}_5$，反映了关税和贸易政策不确定性对消费者贸易利益个体分配的影响，以及影响机制的个体差异。

三 竞争效应

在中国加入 WTO 之后，中美之间贸易政策不确定性和关税有所下降，但是中国和其他 WTO 成员之间、美国和其他 WTO 成员之间的贸易政策不确定性和关税也有所下降。就贸易政策不确定性和关税而言，中美之间以及中国和其他 WTO 成员之间关税不同幅度的下降会形成一种出口国竞争效应；中美之间以及美国和其他 WTO 成员之间关税不同幅度的下降会形成一种进口国竞争效应。在第四章的理论基础上，结合钱学锋和龚联梅（2017），本书在计量模型中引入相对贸易政策不确定性和相对实际关税，以验证出口国竞争效应和进口国竞争效应。

$$\begin{aligned}\ln\widehat{P}(\omega) = {} & \theta_0 + \theta_1\ln TPU + \theta_2\ln RelEx\_\ TPU + \theta_3\ln RelIm\_\ TPU + \theta_4\ln\widehat{\tau} \\ & + \theta_5\ln RelEx\_\ \widehat{\tau} + \theta_6\ln RelIm\_\ \widehat{\tau} + \theta_7\ln e + \theta_8\ln\widehat{\tau}\cdot\ln e \\ & + \theta_9\ln TPU\cdot\ln e + \theta_{10}\ln RelEx\_\ TPU\cdot\ln e + \theta_{11}\ln RelIm\_\ TPU\cdot\ln e \\ & + \theta_{12}\ln RelEx\_\ \widehat{\tau}\cdot\ln e + \theta_{13}\ln RelIm\_\ \widehat{\tau}\cdot\ln e + \varepsilon\end{aligned} \qquad (5-18)$$

$$\begin{aligned}\ln\widehat{P}^{h}(\omega) = {} & \theta_0 + \theta_1\ln TPU + \theta_2\ln RelEx\_\ TPU + \theta_3\ln RelIm\_\ TPU + \theta_4\ln\widehat{\tau} \\ & + \theta_5\ln RelEx\_\ \widehat{\tau} + \theta_6\ln RelIm\_\ \widehat{\tau} + \theta_7\ln e + \theta_8\ln\widehat{\tau}\cdot\ln e \\ & + \theta_9\ln TPU\cdot\ln e + \theta_{10}\ln RelEx\_\ TPU\cdot\ln e + \theta_{11}\ln RelIm\_\ TPU\cdot\ln e\end{aligned}$$

$$+\theta_{12}\ln RelEx\_\ \hat{\tau}\cdot\ln e+\theta_{13}\ln RelIm\_\ \hat{\tau}\cdot\ln e+\varepsilon \quad (5-19)$$

$$\begin{aligned}\ln\widehat{P^{m}}(\omega)=&\theta_0+\theta_1\ln TPU+\theta_2\ln RelEx\_\ TPU+\theta_3\ln RelIm\_\ TPU+\theta_4\ln\hat{\tau}\\&+\theta_5\ln RelEx\_\ \hat{\tau}+\theta_6\ln RelIm\_\ \hat{\tau}+\theta_7\ln e+\theta_8\ln\hat{\tau}\cdot\ln e\\&+\theta_9\ln TPU\cdot\ln e+\theta_{10}\ln RelEx\_\ TPU\cdot\ln e+\theta_{11}\ln RelIm\_\ TPU\cdot\ln e\\&+\theta_{12}\ln RelEx\_\ \hat{\tau}\cdot\ln e+\theta_{13}\ln RelIm\_\ \hat{\tau}\cdot\ln e+\varepsilon\end{aligned}\quad(5-20)$$

$$\begin{aligned}\ln\widehat{P^{种类}}(\omega)=&\theta_0+\theta_1\ln TPU+\theta_2\ln RelEx\_\ TPU+\theta_3\ln RelIm\_\ TPU+\theta_4\ln\hat{\tau}\\&+\theta_5\ln RelEx\_\ \hat{\tau}+\theta_6\ln RelIm\_\ \hat{\tau}+\theta_7\ln e+\theta_8\ln\hat{\tau}\cdot\ln e\\&+\theta_9\ln TPU\cdot\ln e+\theta_{10}\ln RelEx\_\ TPU\cdot\ln e+\theta_{11}\ln RelIm\_\ TPU\cdot\ln e\\&+\theta_{12}\ln RelEx\_\ \hat{\tau}\cdot\ln e+\theta_{13}\ln RelIm\_\ \hat{\tau}\cdot\ln e+\varepsilon\end{aligned}\quad(5-21)$$

$$\begin{aligned}\ln\widehat{P^{价格}}(\omega)=&\theta_0+\theta_1\ln TPU+\theta_2\ln RelEx\_\ TPU+\theta_3\ln RelIm\_\ TPU+\theta_4\ln\hat{\tau}\\&+\theta_5\ln RelEx\_\ \hat{\tau}+\theta_6\ln RelIm\_\ \hat{\tau}+\theta_7\ln e+\theta_8\ln\hat{\tau}\cdot\ln e\\&+\theta_9\ln TPU\cdot\ln e+\theta_{10}\ln RelEx\_\ TPU\cdot\ln e+\theta_{11}\ln RelIm\_\ TPU\cdot\ln e\\&+\theta_{12}\ln RelEx\_\ \hat{\tau}\cdot\ln e+\theta_{13}\ln RelIm\_\ \hat{\tau}\cdot\ln e+\varepsilon\end{aligned}\quad(5-22)$$

其中，$RelEx\_\ TPU$ 是出口国间相对 TPU，$RelIm\_\ TPU$ 是进口国间相对 TPU，$RelEx_\ \hat{\tau}$是出口国间相对实际关税变化，$RelIm\_\ \hat{\tau}$ 是进口国间相对实际关税变化。同样地，估计出的相对关税、相对 TPU 和支出结构交互项系数，反映了关税和贸易政策不确定性对消费者贸易利益个体分配的影响。

第二节 数据来源和变量选取

一 数据来源

本书的关税数据来自世界银行的 WITS 数据库，WITS 数据库中包含约束关税（BND）、最惠国关税（MFN）、优惠关税（PRF）和实际应用关税（AHS）数据。贸易数据来自 CEPII BACI 数据库，并以千美元为计量单位；行业分类标准是国民经济行业分类与代码（GB/T 4754—2002）。家户层面的消费数据来自中国城镇住户调查

（UHS）数据库，该数据库包含了1992年到2009年中国多个城市的家户收入、消费支出等数据。所以，借鉴 Handley 和 Limão（2017b），本书以2000年和2005年的数据进行经验验证，同时选择1997年和2000年、2005年和2009年的数据进行安慰剂检验。

二 变量选取和说明

（一）被解释变量

被解释变量价格指数共分为五种：整体价格指数变化［$\widehat{P}$（ω）］、进口品价格指数变化［$\widehat{P}^{m}$（ω）］、国内品价格指数变化［$\widehat{P}^{h}$（ω）］、基于价格效应的价格指数变化［$\widehat{P}^{价格}$（ω）］、基于种类效应的价格指数变化［$\widehat{P}^{种类}$（ω）］。借鉴 Hobijn 和 Lagakos（2005），消费者个体的整体价格指数以消费支出份额加权而得到，进口品价格指数和国内品价格指数分别以进口品和国内品的支出份额加权得到。基于价格效应和种类效应的价格指数采用式（5－15）的推导结果度量。五种价格指数都取对数，计算公式为：

$$\ln\widehat{P}(\omega)=\ln\frac{\int_{i\in\mathbf{\Omega}_{hm,t}}r_{i,t}(\omega)p_{i,t}\mathrm{d}i}{\int_{i\in\mathbf{\Omega}_{hm,b}}r_{i,b}(\omega)p_{i,b}\mathrm{d}i}$$

$$\ln\widehat{P}^{m}(\omega)=\ln\frac{\int_{i\in\mathbf{\Omega}_{m,t}}r_{i,t}(\omega)p_{i,t}\mathrm{d}i}{\int_{i\in\mathbf{\Omega}_{m,b}}r_{i,b}(\omega)p_{i,b}\mathrm{d}i}$$

$$\ln\widehat{P}^{h}(\omega)=\ln\frac{\int_{i\in\mathbf{\Omega}_{h,t}}r_{i,t}(\omega)p_{i,t}\mathrm{d}i}{\int_{i\in\mathbf{\Omega}_{h,b}}r_{i,b}(\omega)p_{i,b}\mathrm{d}i}$$

$$\ln\widehat{P}^{种类}(\omega)=\frac{1}{\sigma(\omega)-1}\ln\frac{\xi_{t}(\omega)}{\xi_{b}(\omega)}$$

$$\ln\widehat{P}^{价格}(\omega)=\int_{i\in\mathbf{\Omega}_{hm,C}}\delta_{i,t}(\omega)\ln\frac{p_{i,t}}{p_{i,b}}\mathrm{d}i$$

其中，$r_{i,t}$（ω）和 $r_{i,b}$（ω）分别是消费者 ω 在 t 期和基期 b 对产品 i 的支出份额。由于每个消费者的替代弹性 σ（ω）无法计算，本书采用国家整体替代弹性。由于每个消费者对不同产品的支出份额不同，所以这种处理方式下 $\widehat{P}^{种类}$（ω）仍然能够体现消费者个体差异。由于 USH 数据库并未提供消费者个体层面的进口品和国内品的消费数据，本书以贸易品和非贸易品来代替进口品和国内品，并以家庭平均支出作为非贸易品价格的代理变量。此外，由于每年接受调查的都是不同的家户，所以本书以城市来定义消费者类型 ω。

（二）核心解释变量

1. 贸易政策不确定性

贸易政策不确定性是本书的核心解释变量，由于本书假设关税是贸易政策不确定性的唯一来源，因此本书采用关税度量法来衡量贸易政策不确定性。中国和智利都是 WTO 成员，在优惠关税的基础上，还受到 WTO 最惠国关税的约束。所以，在基准回归中，本书采用差分法 $TPU = \max(\tau_{BND} - \tau_{MFN}, 0)$ 度量贸易政策不确定性；在稳健性检验部分，本书采用 $TPU = \frac{1 - \tau_{MFN}^{\sigma}/\tau_{BND}^{\sigma}}{\sigma - 1}$ 来度量贸易政策不确定性，其中 τ_{BND} 和 τ_{MFN} 分别是 WTO 约束关税和 WTO 最惠国关税，σ 是国家整体的替代弹性，借鉴 Handley 和 Limão（2017b），σ 取值为 3。值得注意的是，基于第三章和第四章的理论推导，本书的不确定性是出口国出口时面临的贸易政策不确定性，所以 τ_{BND} 和 τ_{MFN} 均是出口国出口时面临的约束关税和最惠国关税。出口国间相对 TPU，是中国和其他 WTO 成员之间 TPU 与中美 TPU 的差值。该差值大于 0，说明中国和其他 WTO 成员之间 TPU 高于中美 TPU；差值小于 0，说明中国和其他 WTO 成员之间 TPU 小于中美 TPU。进口国间相对 TPU，是美国和其他 WTO 成员之间 TPU 与中美 TPU 的差值。该差值大于 0，说明美国和其他 WTO 成员之间 TPU 高于中美 TPU；差值小于 0，说明美国和其他 WTO 成员之间 TPU 小于中美 TPU。

2. 实际关税变化

与贸易政策不确定性相似，实际关税是出口国出口时被征收的关税。考虑到部分实际关税为零，直接取对数会出现缺失值，降低样本总数，本书选择对实际关税加 1 后再取对数，实际关税变化量即$\frac{\ln(1+\tau_t)}{\ln(1+\tau_b)}$，其中 τ_t 和 τ_b 分别是 t 期和基期 b 的实际关税。出口国间相对实际关税变化，是中国和其他 WTO 成员之间实际关税变化与中美实际关税变化的差值。该差值大于 0，说明中国和其他 WTO 成员之间的实际关税变化大于中美实际关税变化；该值小于 0，说明中国和其他 WTO 成员之间的实际关税变化小于中美实际关税变化。进口国间相对实际关税变化，是指美国和其他 WTO 成员之间实际关税变化与中美实际关税变化的差值。该差值大于 0，说明美国与其他 WTO 成员之间的实际关税变化大于中美实际关税变化；该值小于 0，说明美国与其他 WTO 成员之间的实际关税变化小于中美实际关税变化。

3. 支出结构

用 ω 标记的消费者不仅具有不同的偏好，还具有不同的收入，而偏好和收入最终反映在消费者支出结构上。所以，支出结构的不同代表了消费异质性。USH 数据库较为全面地提供了消费者个体的总体性消费支出和对特定产品的支出，本书用消费者对基本消费品（比如粮食、衣着和家庭基本设备）的支出份额来表示消费者的支出结构。消费者对基本消费品的支出份额越高，说明消费者收入水平越低，国内品和进口品之间的替代弹性越低。

（三）其他解释变量

本书的其他解释变量包括消费者所属区域［*Region*（ω）］。中国地域广阔，东部、西部和中部不仅在收入水平和偏好上存在差异，在交通和通信等基础设施建设方面也存在较大的差异。Han 等（2016）研究关税对价格的传导时发现，低质量的基础设施建设会导致不灵活的分销成本，从而降低关税对消费价格的传递效率。借鉴此思路，基础设施建设的差异，也会降低贸易政策不确定性对消费价格和数量的传导，因此本书通过控制消费者所属区域，对西部、中部和东部的赋值分别为 $Region\ (\omega)=1, 2, 3$。$Region\ (\omega)$ 值越高，消费者所属区域的基础设施建设越完善、质量越高。变量说明和描述性统计见表5－1。

表5－1　　描述性统计

变量	变量描述	样本量	均值	标准差	最小值	中位数	最大值
$\ln\widehat{P}\ (\omega)$	总价格指数变化	242	－0.01	1.94	－5.34	0.00	5.31
$\ln\widehat{P}^{h}\ (\omega)$	国内品价格指数变化	242	0.01	0.60	－1.63	0.00	1.67
$\ln\widehat{P}^{m}\ (\omega)$	进口品价格指数变化	242	－0.01	2.23	－6.50	0.00	6.19
$\ln\widehat{P}^{种类}\ (\omega)$	种类效应价格指数变化	242	－0.01	0.05	－0.16	0.00	0.20
$\ln\widehat{P}^{价格}\ (\omega)$	价格效应价格指数变化	242	0.07	0.77	－2.17	0.00	2.65
$\ln\widehat{e}\ (\omega)$	支出结构变化	242	0.65	0.05	0.51	0.65	0.76
$\ln TPU$	贸易政策不确定性	242	0.39	0.430	0.00	0.00	1.35
$\ln\widehat{\tau}$	实际关税变化	242	－0.31	0.34	－1.33	0.00	0.00
$\ln RelEx\_TPU$	出口国间相对 TPU	242	－0.07	0.12	－.31	0.00	0.79
$\ln RelIm\_TPU$	进口国间相对 TPU	242	4.78	5.188	0.00	0.00	16.14
$\ln RelEx\_\widehat{\tau}$	出口国间相对关税变化	242	－0.02	0.06	－0.16	0.00	0.53
$\ln RelIm\_\widehat{\tau}$	进口国间相对关税变化	242	0.24	0.26	0.00	0.00	1.13
$Region\ (\omega)$	区域	242	1.83	0.75	1	2	3

第三节　基本回归结果

一　基准回归

表5－2汇报了基准回归结果。第（1）至第（3）列分别是TPU、实际关税变化、支出结构对整体价格指数的回归结果，第（4）列是TPU、实际关税变化、支出结构对整体价格指数的回归结构，第（5）和第（6）列是在第（4）列基础上，分别加入TPU与支出结构交互项、实际关税变化与支出结构交互项的回归结果。整体来看，TPU系数显著为负，这说明中国加入WTO，降低了中美之间的

TPU，而这种不确定性的降低抑制了消费者价格指数的上升，即给消费者个体带来了贸易利益。实际关税变化的系数为正，但不显著，这说明实际关税的下降并未给消费者个体带来贸易利益，在“入世”后中国消费者个体贸易利益的提升主要是由于TPU的下降。事实上，与2000年相比，2001年中美之间实际关税仅下降6.14%。[①] 支出结构系数显著为正，意味着不同消费者的价格指数是不一样的，消费者异质性在贸易利益的经验研究中不容忽视。支出结构和TPU的交互项显著为正，这证实了本书第三章的理论研究结果，即由于消费者异质性，消费者个体在TPU下降中的贸易利益是不同的。消费者个体对基础消费品支出越多，在TPU下降中获得的贸易利益越少。支出结构和实际关税变化的交互项系数为负，但不显著，结合实际关税变化系数的不显著，可以得出结论：实际关税的下降并未对消费者贸易利益产生影响，而且这种无影响并无个体差异。区域变量系数显著为负，说明消费者所属区域的基础设施建设越完善、质量越高，其价格指数下降得越多，获得的贸易利益越高。

表5-2　　　　基准回归结果

解释变量	整体价格指数					
	(1)	(2)	(3)	(4)	(5)	(6)
$\ln TPU$	-1.84** (0.79)			-1.63* (0.82)	-13.50* (6.81)	-13.83* (6.87)
$\ln\widehat{\tau}$		0.16 (0.43)		1.32 (3.45)	1.29 (4.17)	21.99 (50.34)
$\ln e(\omega)$			5.004* (2.84)	4.78* (2.31)	10.07* (4.49)	31.52* (15.40)
$\ln TPU\times\ln e(\omega)$					18.20* (8.46)	18.34* (8.56)
$\ln\widehat{\tau}\times\ln e(\omega)$						-33.38 (80.91)

① 资料来源：WITS。

续表

解释变量	整体价格指数					
	(1)	(2)	(3)	(4)	(5)	(6)
Region (ω)	-0.11 ** (0.04)	-0.09 *** (0.03)	-0.09 *** (0.03)	-0.12 ** (0.05)	-0.11 ** (0.05)	-0.11 ** (0.05)
cons	1.37 *** (0.43)	0.81 ** (0.33)	4.07 ** (1.90)	3.69 (4.10)	8.72 (6.11)	22.14 (33.11)
N	242	242	242	242	242	242
R^2	0.19	0.04	0.05	0.21	0.23	0.23

注：*、** 和 *** 分别表示在10%、5%和1%的置信水平下显著，括号内为标准误。

具体来看，中美 TPU 每下降1%，消费者价格指数将下降1.63%—13.83%，消费者个体贸易利益将增加1.66%—16.05%。[①] 比较表5-2的第（1）列和第（6）列，在考虑消费者异质性后，不确定性的影响增加了，这进一步说明，在消费者贸易利益研究中，消费者个体差异不容忽视。消费者对基本消费的支出份额每增加1%，消费者价格指数将增加4.78%—31.52%，消费者个体贸易利益将下降5.02%—46.03%。贸易政策不确定性和支出结构的交互项系数显示，消费者对基本消费的支出份额每增加1%，消费者在贸易政策不确定性下降中获得的贸易利益将下降22.25%—22.46%，这意味着TPU 对贸易利益在消费者个体间的分配更倾向于高收入者或者对基础消费品需求小的群体。以上数据说明，即使 TPU 下降使消费者获得贸易利益，但是这种因 TPU 下降而获得的贸易利益会因为消费者个体差异而消失。这也证实了本书第三章的结论3.10和结论3.11。一方面，完全由 TPU 作用于出口企业和本国企业而导致的价格或种类变化，将使消费者价格指数上升，而贸易政策不确定性的消除，将会导致消费者价格指数的下降；另一方面，在异质性消费者框架下，不确定性对消费者个体贸易利益的影响受消费者偏好和支出结构影响，

① 由于本书对变化量取对数，相当于对变量取对数后进行一阶差分，所以最终估计的变量系数反映了增长率或下降率。消费者价格指数下降 $x\%$，消费者贸易利益将增加 $[100x/(100-x)]\%$，全书同。

忽视消费者异质性将导致贸易政策不确定性复利效应估计的偏误。

二　稳健性检验

基准回归样本不包含没有约束上限的关税数据，存在样本选择偏误，会低估贸易政策不确定性及其对消费者贸易利益的影响。借鉴 Alberto 等（2015）的做法，对于没有约束上限的关税，本书将实际关税的 3 倍作为其约束上限，从而扩大样本容量，纠正样本选择偏误。① 同时，本书改变贸易政策不确定性的度量方式，以 $TPU = \frac{1-\tau_{MFN}^{\sigma}/\tau_{BND}^{\sigma}}{\sigma-1}$ 来衡量贸易政策不确定性，表 5－3 汇报了完善样本后的稳健性检验结果。

与基准回归结果一致的是，TPU 系数显著为负，实际关税系数不显著，消费者支出结构系数显著为正，TPU 和支出结构的交互项系数显著为正，区域虚拟变量系数显著为负。这充分说明本书的回归通过了稳健性检验。具体来看，中美 TPU 每下降 1%，消费者价格指数将下降 1.64%—14.75%，消费者个体贸易利益将增加 1.67%—17.30%。同样地，比较表 5－2 的第（1）列和第（6）列可以发现，在考虑消费者异质性后，贸易政策不确定性的影响增加了，这进一步证实了基准回归结果的稳健性，在消费者贸易利益研究中，消费者个体差异不容忽视。消费者对基本消费的支出份额每增加 1%，消费者价格指数将增加 4.92%—69.91%，消费者个体贸易利益将下降 5.17%—232.34%。贸易政策不确定性和支出结构的交互项系数显示，消费者对基本消费的支出份额每增加 1%，消费者在 TPU 下降中获得的贸易利益将下降 24.22%—24.58%，TPU 对贸易利益在消费者个体间的分配更倾向于高收入者或者对基础消费品需求小的消费者。比较表 5－2 的第（6）列和表 5－3 的第（5）列，可以发现，在完善样本后，消费者支出结构差异对贸易利益及其在

① 该做法与 WTO 的峰值关税定义一致。

消费者个体间分配的影响更大。

与基准回归不一致的是，实际关税和支出结构的交互项系数显著为负。这说明，消费者对基础商品的支出越高，消费者在实际关税下降中获得的贸易利益越高。这一点不难理解，当产品关税下降，消费者对这种产品的支出份额越高，消费者获得的贸易利益就越高。结合基准回归和稳健性检验结果，可以得出结论，中国加入 WTO 后，TPU 的下降对消费者个体贸易利益的影响要比实际关税下降带来的影响显著。

表 5－3　稳健性检验

解释变量	整体价格指数				
	(1)	(2)	(3)	(4)	(5)
$\ln TPU$	-1.87** (0.83)	-1.87** (0.83)	-1.64* (0.86)	-14.37* (7.16)	-14.75* (7.27)
$\ln\hat{\tau}$		-2.35 (3.31)	-1.21 (3.45)	1.52 (4.20)	21.69 (50.75)
$\ln e\ (\omega)$			4.92* (2.31)	69.91* (30.20)	49.99* (23.29)
$\ln TPU \times \ln e\ (\omega)$				19.50* (9.21)	19.73* (9.32)
$\ln\hat{\tau} \times \ln e\ (\omega)$					-32.49* (15.47)
$Region\ (\omega)$	-0.11** (0.04)	-0.11** (0.04)	-0.12** (0.05)	-0.11** (0.05)	-0.11** (0.05)
cons	-6.33* (3.38)	-7.84* (4.00)	-2.91 (5.88)	-50.12 (42.07)	-38.60 (51.24)
N	242	242	242	242	242
R^2	0.19	0.20	0.21	0.23	0.23

注：* 和 ** 分别表示在 10% 和 5% 的置信水平下显著，括号内为标准误。

三　安慰剂检验

在中国加入 WTO 之前，美国国会每年都投票表决是否撤销给予中国的暂时最惠国待遇。如果最惠国地位被取消，美国将会恢复斯穆特—霍利关税水平。例如，在2000年，美国的最惠国平均关税为4%，但如果中国失去最惠国地位，平均关税将达到31%。所以在中国加入WTO之前，中美之间TPU居高不下。借鉴Handley和Limão（2017b）的实证方法，以1997年中美TPU对1997—2000年中国消费者价格指数进行回归，表5-4的第（1）至第（3）列汇报了回归结果。同时，以2005年中美贸易政策不确定性对2005—2009年中国消费者价格指数进行回归，以检验TPU冲击的时间变化，表5-4的第（4）至第（6）列汇报了回归结果。无论是以1997—2000年样本进行回归，还是以2005—2009年样本进行回归，都可以得到较为一致的结论：TPU并不显著。这说明中国加入WTO之前TPU并未下降，并带来消费者价格指数的下降，而且，在中国加入WTO五年之后，TPU并没有持续带来消费者个体价格指数的下降。换言之，中国加入WTO后中美TPU的下降是中国消费者个体价格指数下降的主要原因。此外，本书还发现，无论是以1997—2000年样本进行回归，还是以2005—2009年样本进行回归，实际关税变量系数均显著为正，实际关税和支出结构的交互项系数显著为负，这意味着在这两个时间段内，实际关税的下降是消费者个体价格指数下降的主要原因，而且消费者个体对基础消费品的支出份额越高，在实际关税下降中获得的贸易利益越高。这也从另一角度证明，在实证分析中，忽视消费者支出结构的差异会导致估计的偏误。此外，区域虚拟变量系数显著为负，与表5-2和表5-3的结果是一致的，即消费者所属区域的基础设施建设越完善、质量越高，其价格指数下降得越多，获得的贸易利益越高。

表5-4　　安慰剂检验

解释变量	整体价格指数（1997—2000年）			整体价格指数（2005—2009年）		
	(1)	(2)	(3)	(4)	(5)	(6)
ln*TPU*	-0.20 (0.58)	0.11 (2.75)	0.24 (3.64)	0.85 (2.36)	-36.59 (64.80)	-46.25 (70.87)

续表

解释变量	整体价格指数（1997—2000 年）			整体价格指数（2005—2009 年）		
	(1)	(2)	(3)	(4)	(5)	(6)
$\ln\hat{\tau}$	4.25* (2.36)	4.39* (2.19)	5.26* (2.40)	2.43* (1.31)	2.20* (1.13)	380.17* (176.42)
lne（ω）	2.52 (1.55)	2.66 (2.02)	1.79 (15.33)	-22.53 (12.05)	-35.06 (25.25)	283.05 (460.25)
ln*TPU* × lne（ω）		-0.52 (4.57)	-0.74 (5.91)		54.02 (93.44)	64.86 (101.40)
$\ln\hat{\tau}$ × lne（ω）			-1.401* (0.55)			-519.02* (249.64)
Region（ω）	-0.01* (0.00)	-0.01* (0.00)	-0.01* (0.02)	-0.22* (0.09)	-0.19* (0.08)	-0.30* (0.12)
cons	1.29 (1.69)	1.29 (1.71)	1.83 (9.53)	20.16 (14.00)	25.65 (17.79)	204.74 (333.30)
N	156	156	156	210	210	210
R^2	0.22	0.22	0.22	0.58	0.62	0.67

注：* 表示在 10% 的置信水平下显著，括号内为标准误。

第四节　机制检验

一　国内品和进口品分解

第三节的基本回归结果证实了贸易政策不确定性对消费者个体贸易利益及分配的影响。为了进一步厘清贸易政策不确定性影响消费者个体贸易利益的机制，本节首先将消费者价格指数分为国内品和进口品。表 5－5 汇报了机制检验结果，其中第（1）至第（2）列是国内品价格指数回归结果，第（3）至第（4）列是进口品价格指数回归结果。第（1）列和第（3）列的贸易政策不确定性度量是差分法（约束关税减最惠国关税），第（2）列和第（4）列的贸易政策不确定性度量是 $TPU = \frac{1-\tau_{MFN}^{\sigma}/\tau_{BND}^{\sigma}}{\sigma-1}$。从机制检验结果中可以得到以下几条结论。

表 5－5 机制检验——国内品和进口品分解

解释变量	国内品价格指数		进口品价格指数	
	(1)	(2)	(3)	(4)
ln*TPU*	－3.89* (1.71)	－4.04* (1.84)	－18.27** (4.71)	－19.37** (4.31)
$\ln\hat{\tau}$	11.88 (12.57)	12.62 (12.65)	20.67 (58.88)	19.91 (59.38)
lne（ω）	20.62* (9.08)	4.21* (1.76)	29.21* (11.28)	79.85* (37.45)
ln*TPU*×lne（ω）	6.01* (2.13)	6.21* (2.32)	24.65* (11.37)	26.31* (12.27)
$\ln\hat{\tau}$×lne（ω）	－16.36 (20.19)	－17.54 (20.31)	－31.17 (94.63)	－29.49 (95.32)
Region（ω）	－0.02 (0.01)	－0.02 (0.01)	－0.13** (0.06)	－0.13** (0.06)
cons	14.40* (1.74)	－1.80 (－0.14)	20.89 (0.54)	－59.11 (－0.99)
N	242	242	242	242
R^2	0.50	0.50	0.22	0.22

注：*和**分别表示在10%和5%的置信水平下显著，括号内为标准误。

第一，无论是国内品价格指数回归还是进口品价格指数回归，TPU 系数均显著为负，中美 TPU 每下降 1%，国内品价格指数将下降 3.89%—4.04%，进口品价格指数将下降 18.27%—19.37%，消费者因消费国内品而获得的贸易利益将增加 4.05%—4.21%，因消费进口品而获得的贸易利益将增加 22.35%—24.02%。第二，消费者支出结构系数显著为正，消费者对基本消费品的支出份额每增加 1%，消费者的国内品价格指数将增加 4.21%—20.62%，进口品价格指数将增加 29.21%—79.85%，消费者因消费国内品而损失的贸易利益为 4.40%—25.98%，消费者因消费进口品而损失的贸易利益为 13.01%—396.28%。第三，TPU 与支出结构的交互项系数显著为正，消费者对基础消费品的支出份额每增加1%，消费者的国内品价格指数将增加6.01%—6.21%，进口品价格指数将增加24.65%—26.31%，消费者在TPU下降中因消费国内品获得的贸易利益将减少6.39%—6.62%，因消费进口品获得的贸易利益将减少32.71%—35.70%。第四，实际关税及其与支出结构的交互项系数均不显著，这与基准回归结果是一致的，即在中国加入WTO前后，中国消费者个体贸易利益的增加主要是由于TPU的下降。第五，在国内品价格指数回归中，区域虚拟变量系数虽然为负，但是并不显著；在进口品价格指数回归中，区域虚拟变量系数显著为负，消费者所属地域越接近中国东部，其获得的贸易利益越高。

比较国内品和进口品价格指数回归中变量系数绝对值的大小可以发现，中美TPU主要通过进口品来影响消费者个体贸易利益及其分配。在本书的理论推导中，在大国情形下，进口品TPU通过影响消费者整体价格指数，最终影响了消费者在消费国内品时获得的贸易利益。表5-5的机制检验说明，这种间接影响远小于TPU下降对进口品中贸易利益的直接影响。

二　种类效应和价格效应分解

在理论分析的小国情形中，进口国是价格的接受者，贸易政策不确定性只能通过减少企业进入或者增加企业退出，来减少消费者可以消费的产品种类数，从而损失消费者的贸易利益。但是在大国情形中，进口国产品价格亦会受到影响，所以消费者的贸易利益损失既可以是种类的减少，也可以是价格的增加。为了进一步地分析贸易政策不确定性对消费者个体贸易利益及分配的影响，本书借鉴Feenstra（1994）将消费者的价格指数纵向分解为种类效应和价格效应，表5-6汇报了回归结果，其中第（1）列和第（2）列是基于种类效应的回归结果，第（3）列和第（4）列是基于价格效应的回归结果。此外，为了机制检验的稳健性，对于不同效应的回归，本书尝试了两种不同的贸易政策不确定性度量方式。奇数列中贸易政策不确定性的度量是差分法，偶数列中贸易政策不确定性的度量是 $TPU = \frac{1 - \tau_{MFN}^{\sigma}/\tau_{BND}^{\sigma}}{\sigma - 1}$。

与基本回归结果以及国内品和进口品分解回归结果一致的是，TPU 系数显著为负，实际关税系数不显著，消费者支出结构系数显著为正，TPU 与支出结构的交互项系数显著为正，实际关税和支出结构的交互项系数不显著，区域虚拟变量系数显著为负。但是，基于种类效应的回归结果中变量系数绝对值与基于价格效应的回归结果相差甚远。比如，中美 TPU 每增加 1%，基于种类效应的价格指数将下降 0.34%，基于价格效应的价格指数将下降 6.95%—7.18%。也就是说，消费者个体在 TPU 下降中因种类效应而获得的贸易利益仅增加 0.34%，而因价格效应获得的贸易利益增加了 7.47%—7.74%。此外，从 TPU 与支出结构的交互项来看，消费者个体对基础消费品的支出份额越高，其在 TPU 下降中获得的贸易利益越低，因种类效应获得贸易利益仅仅减少 0.54%—0.55%，而因价格效应而获得的贸易利益将减少 13.17%—13.57%。显然，中国“入世”后中美之间 TPU 的下降，主要通过产品价格来提升消费者贸易利益，而且 TPU 对贸易利益在消费者个体间的分配更倾向于通过产品价格。此外，消费者所属区域对其贸易利益的影响也可以分为种类效应和价格效应，但主要通过价格效应来实现。消费者所属区域越接近中国东部，由于基础设施完善、交通便利，其可以消费的产品种类数越多，消费产品的价格越低，获得的贸易利益越高。

表 5-6　　机制检验——种类效应和价格效应分解

解释变量	种类效应		价格效应	
	(1)	(2)	(3)	(4)
$\ln TPU$	-0.34* (0.12)	-0.34* (0.13)	-6.95** (1.18)	-7.18** (1.47)
$\ln\hat{\tau}$	0.69 (1.02)	0.73 (1.03)	14.00 (28.46)	12.44 (28.70)

续表

解释变量	种类效应		价格效应	
	(1)	(2)	(3)	(4)
lne (ω)	1.49* (0.66)	-0.73* (0.21)	13.01* (6.57)	60.66** (16.82)
ln*TPU* × lne (ω)	0.54* (0.24)	0.55* (0.25)	11.64* (5.42)	11.95* (5.85)
$\ln\hat{\tau}$ × lne (ω)	0.84 (1.64)	0.91 (1.65)	28.15 (45.59)	25.56 (45.92)
Region (ω)	-0.01* (0.00)	-0.01* (0.00)	-0.03* (0.01)	-0.03* (0.01)
cons	-1.05 (0.67)	0.33 (1.04)	-5.48 (18.73)	-34.11 (28.83)
N	242	242	242	242
R^2	0.57	0.57	0.57	0.56

注：*和**分别表示在10%和5%的置信水平下显著，括号内为标准误。

第五节　拓展分析:出口国竞争和进口国竞争

本书第四章从理论角度讨论了多国情形下，贸易政策不确定性对消费者个体贸易利益及分配的影响。与两国情形相比，多国情形下，出口国和进口国都可以通过选择贸易政策不确定性和实际关税低的国家作为贸易对象，从而规避贸易政策不确定性的影响，即存在出口国竞争效应和进口国竞争效应。

一　出口国竞争

（一）贸易政策不确定性竞争

本书首先考察了贸易政策不确定性竞争的影响，表5-7汇报了回归结果，其中贸易政策不确定性的度量方式是差分法。TPU、实际关税、支出结构、TPU与支出结构交互项、实际关税与支出结构交互项、区域等变量系数正负号和显著性以及各列间变量系数绝对值的相对大小，均与第三节的基准回归结果和第四节的机制检验结果一致，这也说明在考虑出口国间 TPU 竞争后，TPU 对消费者个体贸易利益及分配的影响仍然稳健。除国内品回归结果中出口国间相对 TPU 系数不显著外，其他回归中出口国间相对 TPU 系数均显著为正，与 TPU 系数正负号完全相反，这说明，其他 WTO 成员的竞争效应会削弱中国消费者在中美 TPU 下降中获得的贸易利益。出口国间相对 TPU 每增加 1%，中国消费者的总价格指数将增加 0.07%，进口品价格指数将增加 0.08%，基于种类效应的价格指数将增加 0.01%，基于价格效应的价格指数将增加 0.02%。换言之，出口国间相对 TPU 每增加 1%，在中美 TPU 下降中获得的整体贸易利益将下降 0.07%，由于消费进口品而获得的贸易利益将下降 0.08%，因种类效应而获得的贸易利益将下降 0.01%，因价格效应而获得的贸易利益将下降 0.02%。这与本书第四章的理论推导结论是一致的，由于出口国竞争效应，TPU 的影响将减小，甚至是自动消失。虽然出口国相对 TPU 系数绝对值远低于 TPU 系数绝对值，但这仍然能够证实出口国竞争效应的存在。此外，出口国间相对 TPU 和支出结构交互项系数不显著，说明出口国间 TPU 竞争并不会影响贸易利益在个体间的分配。

事实上，历史选择从另一角度证实了出口国竞争效应。从 GATT 到 WTO，该国际贸易组织的缔约方一直在增加，因为任何不在该协定内的国家，都无法享受更优惠的贸易政策，而为了促进贸易发展，协定外的国家不得不加入此多边贸易协定。此外，有条件的双边贸易协定走得并不长远。以特朗普的双边主义为例，美国与 A 国签订了双边贸易协议，但是，美国给予 A 国的优惠等并不会无条件地、无补偿地、自动地适用于即将与美国签订双边贸易协议的 B 国。由于其他国家在与美国进行双边贸易谈判时，担心让步会使本国的利益在未来受损，这种双边主义使美国的贸易协议谈判陷入僵局。所以，无论是从历史经验，还是实证检验，多边贸易协定都是最优的选择。

表 5 - 7　　出口国竞争——贸易政策不确定性竞争（差分法）

解释变量	总价格指数	国内品	进口品	种类效应	价格效应
	(1)	(2)	(3)	(4)	(5)
ln*TPU*	-14.60* (6.88)	-3.84* (1.74)	-19.14** (3.73)	-0.32* (0.12)	-7.12* (3.21)
ln*RelEx*_ *TPU*	0.07* (0.03)	0.01 (0.02)	0.08* (0.04)	0.01* (0.00)	0.02* (0.01)
ln*RelEx*_ *TPU* × ln*e*（ω）	9.40 (15.49)	2.73 (7.16)	3.39 (4.23)	1.76 (3.12)	1.21 (7.26)
$\ln\hat{\tau}$	17.98 (50.42)	12.14 (12.69)	16.19 (59.02)	0.79 (1.01)	14.34 (28.59)
ln*e*（ω）	27.70* (12.45)	20.86* (10.20)	24.95* (11.40)	1.59* (0.76)	13.17* (6.70)
ln*TPU* × ln*e*（ω）	19.69* (7.59)	5.92** (1.17)	26.15** (6.42)	0.51** (0.13)	11.96* (5.48)
$\ln\hat{\tau}$ × ln*e*（ω）	-26.34 (81.08)	-16.81 (20.40)	-23.30 (94.90)	1.02 (1.63)	28.76 (45.80)
Region（ω）	-0.11** (0.05)	-0.02 (0.01)	-0.13** (0.06)	-0.01*** (0.00)	-0.03* (0.01)
cons	-19.97 (33.13)	-14.53* (8.34)	-18.47 (38.78)	-1.11 (0.67)	-5.56 (18.81)
N	242	242	242	242	242
R^2	0.24	0.50	0.23	0.59	0.07

注：*、**和***分别表示在10%、5%和1%的置信水平下显著，括号内为标准误。

为了验证纳入贸易政策不确定性竞争后的回归稳健性，本书改变了贸易政策不确定性的度量方式，以 $TPU = \dfrac{1 - \tau_{MFN}^{\sigma}/\tau_{BND}^{\sigma}}{\sigma - 1}$（本节简称公式法，以区分于差分法）衡量贸易政策不确定性，表 5 - 8 汇报了回归结果。首先，TPU、出口国间相对 TPU、实际关税、支出结构、TPU 与支出结构交互项、实际关税与支出结构交互项、出口国间相对 TPU 和支出结构交互项、区域等变量系数正负号和显著性以及变量系数绝对值相对大小，均与表 5 - 7 的结果一致，这说明纳入出口国间 TPU 竞争后的回归结果是稳健的。

表 5 - 8　　出口国竞争——贸易政策不确定性竞争（公式法）

解释变量	总价格指数	国内品	进口品	种类效应	价格效应
	(1)	(2)	(3)	(4)	(5)
ln*TPU*	-16.09** (3.75)	-3.64* (1.43)	-21.02* (10.74)	-0.26* (0.13)	-6.17* (2.67)
ln*RelEx_ TPU*	2.35* (1.10)	0.72* (0.29)	2.90* (1.50)	0.14 (0.09)	1.73* (0.86)
ln*RelEx_ TPU* × lne（ω）	7.85 (8.20)	6.26 (21.67)	7.29 (10.70)	13.18 (18.67)	7.25 (6.52)
$\ln\hat{\tau}$	5.22 (60.75)	17.64 (15.13)	0.45 (71.07)	1.73 (1.21)	0.34 (34.28)
lne（ω）	17.92* (8.65)	-12.17 (23.33)	15.73* (7.55)	0.54* (0.27)	5.16* (2.58)
ln*TPU* × lne（ω）	21.25* (10.68)	5.75* (2.80)	28.18* (13.68)	-0.46 (0.35)	10.81* (5.04)
$\ln\hat{\tau}$ × lne（ω）	-9.62 (93.84)	-24.52 (23.38)	-1.20 (109.78)	2.30 (1.87)	8.68 (52.88)
Region（ω）	-0.11** (0.05)	-0.02 (0.01)	-0.13** (0.06)	-0.00 (0.00)	-0.03 (0.02)
cons	-56.82 (63.14)	-3.76 (15.73)	-81.65 (73.86)	-0.78 (1.26)	-20.64 (35.57)
N	242	242	242	242	242
R^2	0.23	0.50	0.22	0.59	0.69

注：* 和 ** 分别表示在 10% 和 5% 的置信水平下显著，括号内为标准误。

（二）实际关税竞争

虽然在上述所有回归中，实际关税变量系数均不显著，但是在稳健性检验中实际关税与支出结构的交互项系数显著为负，这使本书必须考虑：即使实际关税本身不发挥作用，但出口国间实际关税竞争仍然可能发挥作用。因此，本书在回归中考虑出口国间实际关税竞争，纳入出口国间相对关税变量。同样地，本书分别采用两种度量方式衡量贸易政策不确定性，一是差分法（见表5-9），二是公式法（见表5-10）。两种度量方式下的回归结果较为一致，一方面，TPU、出口国间相对TPU、实际关税、支出结构、TPU与支出结构交互项、实际关税与支出结构交互项、区域等变量系数正负号和显著性以及变量系数绝对值相对大小，均与表5-7、表5-8的结果一致；另一方面，出口国间相对关税、出口国间相对TPU和支出结构交互项系数均不显著，即出口国间相对关税和相对TPU没有在消费者个体贸易利益分配中发挥作用。结合表5-7和表5-8的分析，可以得出结论：出口国竞争效应主要体现在TPU的竞争上，实际关税竞争效应并不显著。

表5-9　　出口国竞争——实际关税竞争（差分法）

解释变量	总价格指数	国内品	进口品	种类效应	价格效应
	(1)	(2)	(3)	(4)	(5)
$\ln TPU$	-20.08* (11.47)	-4.41 (2.92)	-24.99* (13.46)	-0.34* (0.20)	-6.14* (3.04)
$\ln RelEx\_TPU$	0.07* (0.03)	0.01* (0.00)	0.08* (0.04)	0.01 (0.00)	0.02* (0.01)
$\ln RelEx\_\hat{\tau}$	-3.46 (2.45)	-0.36 (0.62)	-3.69 (2.88)	0.01 (0.05)	0.69 (1.38)
$\ln RelEx\_\hat{\tau}\times\ln e(\omega)$	8.72 (78.01)	1.99 (19.51)	14.62 (90.35)	1.25 (1.64)	8.60 (11.34)
$\ln\hat{\tau}$	12.87 (50.18)	11.61 (12.78)	10.73 (58.89)	-0.77 (1.02)	-13.38 (28.80)
$\ln e(\omega)$	26.25* (13.08)	20.71* (10.27)	23.40* (11.11)	1.58 (1.06)	12.88* (5.85)
$\ln TPU\times\ln e(\omega)$	27.07* (14.28)	6.68* (3.40)	34.02* (20.28)	-0.54 (0.35)	10.66** (5.87)
$\ln\hat{\tau}\times\ln e(\omega)$	-19.75 (80.62)	-16.13 (20.54)	-16.27 (94.60)	0.99 (1.65)	27.65 (46.08)

续表

解释变量	总价格指数	国内品	进口品	种类效应	价格效应
	(1)	(2)	(3)	(4)	(5)
Region (ω)	-0.11** (0.05)	-0.02 (0.01)	-0.12** (0.06)	-0.01 (0.00)	-0.03** (0.01)
cons	-21.90 (32.92)	-14.73* (8.39)	-20.53 (38.63)	-1.12 (0.67)	-5.89 (18.91)
N	242	242	242	242	242
R^2	0.26	0.50	0.25	0.59	0.07

注：* 和 ** 分别表示在 10% 和 5% 的置信水平下显著，括号内为标准误。

表 5-10　　出口国竞争——实际关税竞争（公式法）

解释变量	总价格指数	国内品	进口品	种类效应	价格效应
	(1)	(2)	(3)	(4)	(5)
ln*TPU*	-25.60* (12.91)	-4.21* (2.28)	-31.29** (15.15)	-0.23* (0.16)	-3.90* (2.29)
ln*RelEx*_ *TPU*	5.89* (3.09)	0.50 (1.29)	6.73** (2.98)	0.16 (0.10)	2.65* (1.91)
ln*RelEx*_ $\hat{\tau}$	-4.50 (3.68)	-0.27 (0.68)	-4.86 (3.15)	-0.02 (0.05)	1.18 (1.50)
ln*RelEx*_ $\hat{\tau}$ × ln*e* (ω)	12.35 (71.45)	5.77 (7.84)	8.57 (8.81)	0.93 (1.51)	7.54 (28.92)
ln$\hat{\tau}$	-25.86 (62.75)	15.76 (15.94)	-34.01 (73.64)	-1.84 (1.28)	7.69 (35.86)
ln*e* (ω)	14.63* (7.60)	2.34* (26.06)	16.39* (10.40)	0.80 (2.09)	26.95* (17.68)
ln*TPU* × ln*e* (ω)	33.65* (18.95)	6.49* (3.81)	41.57* (20.24)	0.41 (0.39)	7.90* (3.73)
ln$\hat{\tau}$ × ln*e* (ω)	32.92 (96.02)	-21.95 (24.39)	44.73 (112.68)	2.45 (1.95)	-2.15 (54.78)
Region (ω)	-0.11** (0.05)	-0.02 (0.01)	-0.13** (0.06)	-0.01*** (0.00)	-0.03** (0.01)
cons	-12.33 (70.56)	-0.41 (17.92)	-11.58* (8.80)	-0.97 (1.44)	-6.94 (39.70)

续表

解释变量	总价格指数	国内品	进口品	种类效应	价格效应
	(1)	(2)	(3)	(4)	(5)
N	242	242	242	242	242
R^2	0.26	0.50	0.25	0.59	0.76

注：*、**和***分别表示在10%、5%和1%的置信水平下显著，括号内为标准误。

二　进口国竞争

（一）贸易政策不确定性竞争

表5-11和表5-12是考虑进口国间贸易政策不确定性竞争后的回归结果，其中表5-11中TPU的度量方式是差分法，表5-12中TPU的度量方式是公式法。首先，TPU、实际关税、支出结构、TPU与支出结构交互项、实际关税与支出结构交互项、区域等变量系数正负号和显著性以及各列间变量系数绝对值的相对大小，均与第三节的基准回归结果和第四节的机制检验结果一致。这说明在考虑进口国间TPU竞争后，TPU对消费者个体贸易利益及分配的影响仍然稳健。其次，进口国间相对TPU系数显著为正，与TPU系数符号完全相反，与出口国间相对TPU系数符号相同，说明进口国间TPU竞争恶化了中国消费者在中美TPU下降中获得的贸易利益。再者，进口国间相对TPU和支出结构交互项系数并不显著，说明进口国间TPU竞争并没有影响消费者个体贸易利益分配。最后，表5-11和表5-12中的回归结果较为一致，说明在改变TPU度量方式之后，进口国竞争效应回归结果依然稳健。但是，表5-11中进口国间相对TPU系数绝对值远低于表5-12。比如，在表5-11中，进口国间相对TPU每增加1%，在中美TPU下降中获得的整体贸易利益将下降0.19%，消费国内品而获得的贸易利益将下降0.09%，消费进口品而获得的贸易利益将下降0.21%，因种类效应而获得的贸易利益将下降0.01%，因价格效应而获得的贸易利益将下降0.23%。在表5-12中，进口国间相对TPU每增加1%，在中美TPU下降中获得的整体贸易利益将下降10.27%，消费国内品而获得的贸易利益将

下降3.40%，消费进口品而获得的贸易利益将下降12.31%，因种类效应而获得的贸易利益将下降0.06%，因价格效应而获得的贸易利益将下降10.53%。这种差异恰好反映了贸易政策不确定性度量方式选择的重要性。

表5－11　　进口国竞争——贸易政策不确定性竞争（差分法）

解释变量	总价格指数	国内品	进口品	种类效应	价格效应
	(1)	(2)	(3)	(4)	(5)
ln*TPU*	-22.56* (11.84)	-4.70* (2.58)	-29.25* (14.34)	-0.16* (0.08)	-11.68* (6.53)
ln*RelIm*_ *TPU*	0.19** (0.08)	0.09** (0.04)	0.21* (0.11)	0.01** (0.00)	0.23*** (0.07)
ln*RelIm*_ *TPU*×ln*e*（ω）	-0.26 (3.69)	-0.83 (0.90)	-0.10 (4.28)	0.07 (0.08)	-1.05 (1.51)
$\ln\hat{\tau}$	23.24 (20.48)	4.43 (5.02)	30.98 (23.72)	0.16 (0.43)	13.73 (8.40)
ln*e*（ω）	3.58* (1.74)	7.63*** (0.92)	1.15* (0.53)	0.81*** (0.08)	1.43* (0.77)
ln*TPU*×ln*e*（ω）	30.39** (15.34)	7.90** (3.21)	39.77* (19.34)	0.33 (0.53)	19.97* (10.43)
$\ln\hat{\tau}$×ln*e*（ω）	35.14 (33.84)	9.89 (8.30)	46.41 (39.19)	-0.39 (0.70)	9.27 (13.86)
Region（ω）	-0.32** (0.10)	-0.11** (0.05)	-0.32** (0.13)	-0.01** (0.00)	-0.04* (0.02)
cons	-22.94*** (2.47)	-9.16*** (0.61)	-31.36*** (2.86)	-1.53*** (0.05)	-14.94*** (0.98)
N	242	242	242	242	242
R^2	0.72	0.42	0.64	0.49	0.64

注：*、**和***分别表示在10%、5%和1%的置信水平下显著，括号内为标准误。

表5－12　　进口国竞争——贸易政策不确定性竞争（公式法）

解释变量	总价格指数	国内品	进口品	种类效应	价格效应
	(1)	(2)	(3)	(4)	(5)
ln*TPU*	-41.11* (42.50)	-12.70* (11.48)	-18.34** (8.87)	-2.00** (0.89)	-21.01* (11.30)

续表

解释变量	总价格指数	国内品	进口品	种类效应	价格效应
	(1)	(2)	(3)	(4)	(5)
ln*RelIm*_ *TPU*	9.31 * (5.00)	3.29 * (1.73)	10.96 ** (5.11)	0.06 (0.15)	9.53 *** (2.71)
ln*RelIm*_ *TPU* × ln*e* (ω)	1.21 (9.20)	−3.68 (31.72)	3.53 (14.53)	4.06 (2.69)	3.49 (53.07)
$\ln\hat{\tau}$	21.71 (15.83)	2.16 (3.90)	28.65 (18.32)	0.01 (0.33)	6.74 (6.50)
ln*e* (ω)	3.51 * (1.72)	7.63 *** (0.92)	1.07 ** (0.31)	0.81 *** (0.08)	1.49 ** (0.47)
ln*TPU* × ln*e* (ω)	23.91 * (11.97)	19.05 * (13.90)	17.50 * (13.39)	5.36 (5.61)	41.26 * (27.53)
$\ln\hat{\tau}$ × ln*e* (ω)	5.90 (25.56)	5.84 (6.30)	7.05 (29.58)	−0.11 (0.53)	8.02 (10.45)
Region (ω)	−1.31 *** (0.20)	−1.10 *** (0.05)	−1.30 *** (0.23)	−0.01 *** (0.00)	−1.06 *** (0.08)
cons	−2.87 (2.46)	−5.14 *** (0.61)	−1.27 (2.85)	−0.53 *** (0.05)	−1.01 (0.98)
N	242	242	242	242	242
R^2	0.78	0.48	0.71	0.48	0.66

注：*、** 和 *** 分别表示在 10%、5% 和 1% 的置信水平下显著，括号内为标准误。

（二）实际关税竞争

表 5－13 和表 5－14 是考虑进口国间实际关税竞争后的回归结果，其中表 5－13 中 TPU 的度量方式是差分法，表 5－14 中 TPU 的度量方式是公式法。TPU、实际关税、支出结构、TPU 与支出结构交互项、实际关税与支出结构交互项、区域等变量系数正负号和显著性以及各列间变量系数绝对值的相对大小，均与第三节的基准回归结果和第四节的机制检验结果一致。这也说明在考虑进口国间实际关税竞争后，TPU 对消费者个体贸易利益及分配的影响仍然稳健。进口国间相对实际关税变化及其与支出结构的交互项系数均不显著，

这与出口国间实际关税竞争的回归结果相似。这说明进口国间相对实际关税并没有在消费者个体贸易利益分配中发挥作用。结合表5－11和表5－12的分析，可以得出结论：进口国竞争效应主要体现在TPU的竞争上，实际关税竞争效应并不显著。

表5－13　　进口国竞争——实际关税竞争（差分法）

解释变量	总价格指数	国内品	进口品	种类效应	价格效应
	(1)	(2)	(3)	(4)	(5)
ln*TPU*	-30.48* (16.53)	-5.98* (3.07)	-37.76* (19.16)	-0.18* (0.10)	-10.50* (5.81)
ln*RelIm*_ *TPU*	0.21* (0.12)	0.59** (0.25)	0.12** (0.05)	0.01** (0.00)	0.26*** (0.09)
ln*RelIm*_ $\hat{\tau}$	-27.97 (17.42)	-4.52 (4.29)	-29.97 (20.19)	0.09 (0.36)	4.15 (6.76)
ln*RelIm*_ $\hat{\tau}$ × lne（ω）	3.21 (9.15)	7.21 (8.88)	3.18 (7.19)	-3.91 (5.03)	1.05 (7.60)
ln$\hat{\tau}$	59.85 (40.64)	10.37 (7.54)	70.32 (75.51)	0.28 (0.64)	8.35 (12.14)
lne（ω）	3.68* (1.72)	7.65*** (0.92)	1.261*** (0.31)	0.81*** (0.08)	1.46** (0.57)
ln*TPU* × lne（ω）	43.36* (26.00)	10.05* (6.02)	53.70* (30.72)	0.38 (0.55)	18.05* (10.90)
ln$\hat{\tau}$ × lne（ω）	54.14 (35.73)	12.97 (8.79)	66.82 (41.41)	-0.46 (0.75)	26.59 (24.55)
Region（ω）	-0.38* (0.20)	-0.12** (0.05)	-0.38* (0.23)	-0.03* (0.00)	-0.05* (0.04)
cons	-13.09*** (2.46)	-15.18*** (0.61)	-11.53*** (2.86)	-1.53** (0.05)	-9.97*** (0.98)
N	242	242	242	242	242
R^2	0.85	0.45	0.75	0.49	0.65

注：*、**和***分别表示在10%、5%和1%的置信水平下显著，括号内为标准误。

表 5 - 14　　进口国竞争——实际关税竞争（公式法）

解释变量	总价格指数	国内品	进口品	种类效应	价格效应
	(1)	(2)	(3)	(4)	(5)
$\ln TPU$	-33.12** (10.40)	-29.97* (12.82)	-33.75** (11.46)	-3.47* (1.73)	-20.16* (10.48)
$\ln RelIm\_TPU$	4.31* (1.86)	2.05* (1.04)	5.90* (2.11)	0.13* (0.07)	10.13*** (3.11)
$\ln RelIm\_\hat{\tau}$	-23.34 (16.81)	-5.77 (4.14)	-23.63 (19.48)	0.13 (0.35)	2.64 (6.62)
$\ln RelIm\_\hat{\tau} \times \ln e(\omega)$	0.90 (5.00)	2.12 (7.98)	2.07 (2.32)	-3.72 (4.96)	2.73 (5.70)
$\ln\hat{\tau}$	51.93* (26.88)	9.63* (4.63)	59.24* (31.15)	0.17* (0.07)	3.36* (1.70)
$\ln e(\omega)$	3.59* (1.71)	7.65*** (0.92)	1.14* (0.50)	0.81*** (0.08)	1.50** (0.47)
$\ln TPU \times \ln e(\omega)$	37.89** (14.30)	33.90* (18.27)	26.78** (12.04)	7.65* (3.91)	43.54* (20.66)
$\ln\hat{\tau} \times \ln e(\omega)$	52.04 (38.02)	9.83 (6.91)	63.40 (42.47)	0.19 (0.59)	16.27 (11.35)
$Region(\omega)$	-0.36* (0.20)	-0.11** (0.05)	-0.35** (0.13)	-0.03** (0.00)	-0.64*** (0.08)
cons	-12.96*** (2.46)	-15.17*** (0.61)	-11.40*** (2.85)	-5.53*** (0.05)	-8.03*** (0.98)
N	242	242	242	242	242
R^2	0.87	0.44	0.78	0.48	0.67

注：*、** 和 *** 分别表示在 10%、5% 和 1% 的置信水平下显著，括号内为标准误。

本章小结

本章以中国加入 WTO 为准自然实验，考察了中美贸易政策不确定性下降对中国消费者个体贸易利益及分配的影响。得到的主要结论包括：第一，中国加入 WTO 后，中美贸易政策不确定性的下降，降低了中国消费者个体的价格指数，提升了消费者个体的贸易利益；第二，在中国消费者个体贸易利益提升中，实际关税作用并不显著；第三，消费者个体基础消费品的支出份额越高，其获得的贸易利益越低，贸易政策不确定性对消费者个体贸易利益的分配更倾向于高收入者或者基础消费品需求小的消费者；第四，贸易政策不确定性影响消费者个体贸易利益及分配的机制分为两个层面，横向来看主要是通过进口品的消费，纵向来看主要是通过产品价格的下降；第五，进口国间的 TPU 竞争以及出口国间的 TPU 竞争会消除消费者个体在贸易政策不确定性下降中获得的贸易利益。

第六章

反事实模拟：双边和多边 TPU 的消除

当贸易环境愈加不确定时，政府更愿意签订贸易协定。在 2008 年国际金融危机之后，除加强金融监管外，构建区域贸易组织，达成优惠贸易协定，以出口促进经济复苏和发展，是美国总统奥巴马的重要政治举措，同时也是亚太地区、美洲地区乃至欧洲地区试图复苏经济的重要手段。虽然，美国总统特朗普上台后，退出了奥巴马主导的 TPP，甚至扬言退出 WTO，英国也退出欧盟，掀起了短时期的“逆全球化”浪潮。但是，全球化依旧是大多数国家努力的方向，开放型的世界经济发展趋势仍然不会改变。日本、新加坡等国在积极推动 TPP 的同时，也有意邀请中国加入，以扩大贸易协定的地理覆盖范围。此外，日本和俄罗斯肯定了中国的“一带一路”倡议，认为该倡议具有国际合作的巨大潜力。双边或多边贸易协定，甚至是贸易倡议，奠定了未来贸易政策的基调，保证了未来贸易政策的可预测性，降低了未来贸易政策的不确定性。虽然部分文献对贸易协定下贸易政策不确定性完全消除后的经济效益进行了反事实模拟（Handley，2014；Handley and Limão，2015）。但是，这些反事实模拟只从生产侧分析了贸易政策不确定性消除后企业的收益，并未从需求侧分析贸易政策不确定性消除后消费者个体的收益。

第五章的实证检验证实在中国加入 WTO 后，中美双边 TPU 的下降促进了中国消费者价格指数的下降，提高了中国消费者的个体贸易利益，而且 TPU 的下降对贸易利益具有个体分配效应，偏向基础消费品支出份额低的消费者。此外，出口国间 TPU 竞争和进口国间 TPU 竞争会影响消费者个体贸易利益，出口国间相对 TPU 和进口国间相对 TPU 越高，中国消费者价格指数越高，消费者个体从中美 TPU 下降中获得的贸易利益就越低。但是，加入 WTO，中美 TPU 并没有完全消除，出口国间相对 TPU 和进口国间相对 TPU 也没有消除。本章尝试通过反事实模拟，探究双边和多边 TPU 完全消除后，中国消费者个体的贸易利益及分配情况。本章首先对反事实模拟方法进行了详细的说明，然后分别模拟了双边情形下中美贸易政策不确定性完全消除、多边情形下相对贸易政策不确定性完全消除后，中国消费者个体贸易利益及分配结果。

第一节　模拟方法和计量方程说明

一　模拟方法

Handley（2014）根据回归模型进行了反事实模拟，计算了贸易政策不确定性被消除后出口产品的数量，并与存在贸易政策不确定性时的出口数量拟合值（真实出口数量）进行比较。借鉴 Handley（2014）和王孝松等（2015）的反事实模拟，本书分别模拟中美 TPU 被消除后、出口国间 TPU 竞争效应被消除后和进口国间 TPU 竞争效应被消除后，中国消费者个体贸易利益的变化。中美贸易政策不确定性的消除，意味着未来关税上限为 0，即未来约束关税 BND 为 0，所以当前的约束关税水平衡量了中美贸易政策不确定性消除的大小。出口国间 TPU 以及进口国间 TPU 竞争效应的消除，意味着出口国间的 TPU 水平完全相同，且进口国间 TPU 水平完全相同，所以相对 TPU 为 0。

本书首先计算出总价格指数、国内品价格指数、进口品价格指数、基于种类效应的价格指数和基于价格效应的价格指数增长率的实际拟合值。其次，假设中国加入 WTO 之后，中美之间贸易政策不确定性完全消失，计算出上述价格指数的模拟拟合值。再次，进一步假设出口国间 TPU 竞争效应和进口国间 TPU 竞争效应被消除，得到模拟拟合值。最后，分别计算出三种模拟拟合值和实际拟合值的比值。

二　计量方程

对于双边贸易政策不确定性消除的模拟，总价格指数模拟采用表 5－2 第（6）列，国内品价格指数和进口品价格指数模拟分别采用表 5－5 第（1）列和第（3）列，基于种类效应和价格效应的价格指数模拟采用表 5－6 第（1）列和第（3）列。计量方程分别是：

$$\begin{aligned}\ln\widehat{P}(\omega) = & -13.83\ln TPU + 21.99\ln\widehat{\tau} + 31.52\ln e(\omega) \\ & + 18.34\ln TPU\cdot\ln e(\omega) - 33.38\ln\widehat{\tau}\cdot\ln e(\omega) \\ & - 0.11Region(\omega) + 22.14\end{aligned}\tag{6-1}$$

$$\begin{aligned}\ln\widehat{P}^{h}(\omega) = & -3.89\ln TPU + 11.88\ln\widehat{\tau} + 20.62\ln e(\omega) \\ & + 6.01\ln TPU\cdot\ln e(\omega) - 16.36\ln\widehat{\tau}\cdot\ln e(\omega) \\ & - 0.02Region(\omega) + 14.40\end{aligned}\tag{6-2}$$

$$\begin{aligned}\ln\widehat{P}^{m}(\omega) = & -18.27\ln TPU + 20.67\cdot\ln\widehat{\tau} + 29.21\ln e(\omega) \\ & + 24.65\ln TPU\cdot\ln e(\omega) - 31.17\ln\widehat{\tau}\cdot\ln e(\omega) \\ & - 0.13Region(\omega) + 20.89\end{aligned}\tag{6-3}$$

$$\begin{aligned}\ln\widehat{P}^{种类}(\omega) = & -0.34\ln TPU + 0.69\ln\widehat{\tau} + 1.49\ln e(\omega) \\ & + 0.54\ln TPU\cdot\ln e(\omega) + 0.84\ln\widehat{\tau}\cdot\ln e(\omega) \\ & - 0.01Region(\omega) - 1.05\end{aligned}\tag{6-4}$$

$$\begin{aligned}\ln\widehat{P}^{价格}(\omega) = & -6.95\ln TPU + 14.00\ln\widehat{\tau} + 13.01\ln e(\omega) \\ & + 11.64\ln TPU\cdot\ln e(\omega) + 28.15\ln\widehat{\tau}\cdot\ln e(\omega) \\ & - 0.03Region(\omega) - 5.48\end{aligned}\tag{6-5}$$

对于出口国间 TPU 竞争效应的消除，总价格指数、国内品价格指数和进口品价格指数、基于种类效应和价格效应的价格指数模拟分别采用表5-7第（1）至第（5）列。计量方程分别是：

$$\begin{aligned}\ln\widehat{P}(\omega) = & -14.60\ln TPU + 0.07\ln RelEx\_TPU + 17.98\ln\widehat{\tau} \\ & + 27.70\ln e(\omega) + 19.69\ln TPU \cdot \ln e(\omega) \\ & + 9.40\ln RelEx\_TPU \cdot \ln e(\omega) - 26.34\ln\widehat{\tau} \cdot \ln e(\omega) \\ & - 0.11 Region(\omega) - 19.97\end{aligned} \tag{6-6}$$

$$\begin{aligned}\ln\widehat{P}^{h}(\omega) = & -3.84\ln TPU + 0.01\ln RelEx\_TPU + 12.14\ln\widehat{\tau} \\ & + 20.86\ln e(\omega) + 5.92\ln TPU \cdot \ln e(\omega) \\ & + 2.73\ln RelEx\_TPU \cdot \ln e(\omega) - 16.81\ln\widehat{\tau} \cdot \ln e(\omega) \\ & - 0.02 Region(\omega) - 14.53\end{aligned} \tag{6-7}$$

$$\begin{aligned}\ln\widehat{P}^{m}(\omega) = & -19.14\ln TPU + 0.08\ln RelEx\_TPU + 16.19\ln\widehat{\tau} \\ & + 24.95\ln e(\omega) + 26.15\ln TPU \cdot \ln e(\omega) \\ & + 3.39\ln RelEx\_TPU \cdot \ln e(\omega) - 23.30\ln\widehat{\tau} \cdot \ln e(\omega) \\ & - 0.13 Region(\omega) - 18.47\end{aligned} \tag{6-8}$$

$$\begin{aligned}\ln\widehat{P}^{种类}(\omega) = & -0.32\ln TPU + 0.01\ln RelEx\_TPU + 0.79\ln\widehat{\tau} \\ & + 1.59\ln e(\omega) + 0.51\ln TPU \cdot \ln e(\omega) \\ & + 1.76\ln RelEx\_TPU \cdot \ln e(\omega) + 1.02\ln\widehat{\tau} \cdot \ln e(\omega) \\ & - 0.01 Region(\omega) - 1.11\end{aligned} \tag{6-9}$$

$$\begin{aligned}\ln\widehat{P}^{价格}(\omega) = & -7.12\ln TPU + 0.02\ln RelEx\_TPU + 14.34\ln\widehat{\tau} \\ & + 13.17\ln e(\omega) + 11.96\ln TPU \cdot \ln e(\omega) \\ & + 1.21\ln RelEx\_TPU \cdot \ln e(\omega) + 28.76\ln\widehat{\tau} \cdot \ln e(\omega) \\ & - 0.03 Region(\omega) - 5.56\end{aligned} \tag{6-10}$$

对于进口国间TPU竞争效应的消除，总价格指数、国内品价格指数和进口品价格指数、基于种类效应和价格效应的价格指数模拟分别采用表5-11的第（1）至（5）列。计量方程分别是：

$$\begin{aligned}\ln\widehat{P}(\omega) = & -22.56\ln TPU + 0.19\ln RelIm\_TPU + 23.24\ln\widehat{\tau} \\ & + 3.58\ln e(\omega) + 30.39\ln TPU \cdot \ln e(\omega) \\ & - 0.26\ln RelIm\_TPU \cdot \ln e(\omega) + 35.14\ln\widehat{\tau} \cdot \ln e(\omega) \\ & - 0.32 \cdot Region(\omega) - 22.94\end{aligned} \tag{6-11}$$

$$\ln\widehat{P}^{h}(\omega) = -4.70\ln TPU + 0.09\ln RelIm\_TPU + 4.43\ln\widehat{\tau}$$

$$+7.63\ln e\ (\omega)+7.90\ln TPU\cdot\ln e\ (\omega)$$
$$-0.83\ln RelIm\_\ TPU\cdot\ln e\ (\omega)+9.89\ln\hat{\tau}\cdot\ln e\ (\omega)$$
$$-0.11Region\ (\omega)-9.16 \tag{6-12}$$

$$\ln\hat{P}^{m}(\omega)=-29.25\ln TPU+0.21\ln RelIm\_\ TPU+30.98\ln\hat{\tau}$$
$$+1.15\ln e\ (\omega)+39.77\ln TPU\cdot\ln e\ (\omega)$$
$$-0.10\ln RelIm\_\ TPU\cdot\ln e\ (\omega)+46.41\ln\hat{\tau}\cdot\ln e\ (\omega)$$
$$-0.32Region\ (\omega)-31.36 \tag{6-13}$$

$$\ln\hat{P}^{种类}(\omega)=-0.16\ln TPU+0.01\ln RelIm\_\ TPU+0.16\ln\hat{\tau}$$
$$+0.81\ln e\ (\omega)+0.33\ln TPU\cdot\ln e\ (\omega)$$
$$+0.07\ln RelIm\_\ TPU\cdot\ln e\ (\omega)-0.39\ln\hat{\tau}\cdot\ln e\ (\omega)$$
$$-0.01Region\ (\omega)-1.53 \tag{6-14}$$

$$\ln\hat{P}^{价格}(\omega)=-11.68\ln TPU+0.23\ln RelIm\_\ TPU+13.73\ln\hat{\tau}$$
$$+1.43\ln e\ (\omega)+19.97\ln TPU\cdot\ln e\ (\omega)$$
$$-1.05\ln RelIm\_\ TPU\cdot\ln e\ (\omega)+9.27\ln\hat{\tau}\cdot\ln e\ (\omega)$$
$$-0.04Region\ (\omega)-14.94 \tag{6-15}$$

第二节　双边模拟结果

一　TPU 消除后的贸易利益

表 6－1 汇报了双边情形下中美 TPU 完全消除后，中国消费者获得的贸易利益。如果模拟拟合值和实际拟合值之比大于 1，说明中国消费者的贸易利益将增加。平均而言，当中美双边 TPU 消除后，中国消费者的贸易利益将增加 62%，其中由于国内品和进口品消费获得的贸易利益将分别增加 21% 和 97%，而由种类效应和价格效应获得的贸易利益将分别增加 30% 和 99%。分省份来看，当中美双边 TPU 消除后，所有省份的总贸易利益都增加，其中增加最多的是江苏，增加率高达 257%，其次是上海，增加率达到 111%，随后是广东，增加率达到 105%，增加最少的是山东，仅增加 4%。从贸易利

益来源来看，源自国内品的贸易利益增加最多的省份也是江苏，增加了98%，其次分别是北京、云南和上海，分别增加了60%、52%和42%。值得注意的是，四川和江西的国内品贸易利益不增反降，分别下降了13%和30%。但是，与国内品贸易利益相比，所有省份的进口品贸易利益都增加了。源自进口品的贸易利益增加最多的依然是江苏，增加率高达319%，其次是北京和上海，分别增加了221%和182%，增加率最低的是山东，仅仅增加了5%。对于源自种类效应的贸易利益，增加最多的是北京和江苏，均增加了97%，其次是云南和安徽，分别增加了84%和67%，增加最少的是广东，增加率为0%。而源自价格效应的贸易利益，增加最多的仍然是江苏，增加率高达336%，其次是北京和上海，分别增加了175%和145%，增加最少的是山东，仅增加了8%。

无论是从总贸易利益来看，还是从国内品和进口品贸易利益来看，抑或是从种类效应和价格效应贸易利益来看，东北和中西部省份获得的贸易利益要低于东部省份。这与第五章的实证结果是一致的，东部省份的城市，其消费者价格指数越低，消费者从贸易政策不确定性下降中获得的贸易利益越高。东部省份，由于地理位置更靠近沿海贸易口岸、通信设施更加完善，所以贸易政策不确定性的下降在这些省份的传递效果更加明显。此外，整体来看，因消费进口品获得的贸易利益大于国内品，源自价格效应的贸易利益高于种类效应。这说明，中美TPU的消除，主要是通过进口品和价格效应提升中国消费者个体贸易利益的。这一点与本书第三章和第四章的理论模型结论是一致的。对于进口国内未参与出口的企业，即使TPU阻碍了其参与出口的计划，其未来针对国内消费者的生产计划并不会受到影响，其提供给消费者的产品种类和产品价格并不会因TPU的变化而做出较大改变；对于进口国内的出口企业，即使其在受到TPU冲击后退出出口市场，这亦不会影响其针对国内消费者的生产计划。消费者国内品价格指数之所有会由于TPU而发生变化，是由于进口品种类和价格的变化，使消费者在相同的预算约束下，不得不改变其国内品消费计划。所以，源自进口品的贸易利益变化才是消费者总体贸易利益变化的主导原因。

但是，源自价格效应的贸易利益相对种类效应占主导，这一点又与理论模型相悖。TPU 首先是通过增加出口国出口企业的边际成本阈值，减少贸易市场上消费者可以购买的产品种类数，同时消费者由于进口品种类或价格的变化不得不在同等的约束条件下改变国内品消费结构（将某种国内品纳入消费“篮子”或者从消费“篮子”中剔除），所以从理论角度来看，种类效应才是主导。理论和经验结果的差异，反映了理论模型的局限性。虽然理论模型中消费者异质性的假设，在现有文献的基础上做到更接近现实，但是理论假设市场是垄断竞争，与现实中大多数行业的寡头垄断相悖。所以，这也提示了未来可拓展的研究方向：寡头垄断下，如何从理论角度刻画贸易政策不确定性对消费者个体贸易利益及分配的影响。

表 6－1　　双边 TPU 消除后的贸易利益

省份	总贸易利益	贸易利益来源			
		国内品	进口品	种类效应	价格效应
上海	2.11	1.42	2.82	1.58	2.45
云南	1.44	1.52	1.57	1.84	1.77
北京	1.52	1.60	3.21	1.97	2.75
四川	1.31	0.87	1.13	1.05	1.26
安徽	1.63	1.44	1.71	1.67	1.84
山东	1.04	1.02	1.05	1.01	1.08
山西	1.51	1.15	1.59	1.02	2.10
广东	2.05	1.01	2.07	1.00	2.09
江苏	3.57	1.98	4.19	1.97	4.36
江西	1.57	0.70	1.97	1.07	1.81
河南	1.31	1.01	2.02	0.97	1.97
浙江	1.52	1.03	2.15	1.07	2.01
湖北	1.49	1.06	1.56	1.40	1.79
甘肃	1.53	1.26	1.82	1.09	1.88

续表

省份	总贸易利益	贸易利益来源			
		国内品	进口品	种类效应	价格效应
辽宁	1.58	1.31	1.79	1.23	1.77
陕西	1.12	1.03	1.30	1.04	1.32
黑龙江	1.29	1.09	1.61	1.17	1.52
均值	1.62	1.21	1.97	1.30	1.99

二　TPU 消除后的贸易利益个体分配

第五章的实证检验发现，TPU 对消费者个体贸易利益的分配更倾向于基础消费品支出份额低的消费者（以下简称低基耗消费者）。在进行反事实模拟后，本书发现，当中美双边 TPU 被消除后，贸易利益还是偏向低基耗消费者（见表 6－2）。首先，从平均水平来看，中美 TPU 消除后，低基耗消费者获得的贸易利益增加率为 60%，而高基耗消费者（基础消费品支出份额高的消费者）获得的贸易利益增加率为 55%；低基耗消费者从国内品和进口品消费中获得的贸易利益将分别增加 39% 和 116%，而高基耗消费者获得的贸易利益仅增加 8% 和 77%；低基耗消费者从种类效应和价格效应获得的贸易利益将分别增加 45% 和 119%，而高基耗消费者获得的贸易利益分别增加 14% 和 70%。

表 6－2　　双边 TPU 消除后的贸易利益个体分配

省份	总贸易利益		贸易利益来源							
			国内品		进口品		种类效应		价格效应	
	低	高	低	高	低	高	低	高	低	高
上海	2.61	1.20	1.53	1.30	2.94	2.61	1.73	1.38	2.71	2.09
云南	1.44	1.14	1.73	1.22	1.69	1.37	1.95	1.54	1.85	1.67
北京	1.66	1.19	1.68	1.54	3.51	3.01	2.02	1.75	2.81	2.53
四川	1.34	1.14	0.95	0.83	1.30	1.05	1.10	0.98	1.41	1.04
安徽	1.77	1.32	1.47	1.41	1.90	1.52	1.87	1.41	1.99	1.54
山东	1.00	1.08	1.03	1.01	1.06	1.04	1.21	0.87	1.12	1.01

续表

省份	总贸易利益		贸易利益来源							
			国内品		进口品		种类效应		价格效应	
	低	高	低	高	低	高	低	高	低	高
山西	1.67	1.42	1.18	1.11	1.67	1.52	1.19	0.91	2.45	1.82
广东	2.06	2.04	1.51	0.75	2.09	2.03	1.03	0.97	2.39	1.65
江苏	3.75	3.20	2.06	1.83	4.78	4.08	2.06	1.69	4.79	4.19
江西	1.62	1.47	0.81	0.60	2.05	1.37	1.11	1.01	2.01	1.51
河南	1.44	0.75	1.86	0.90	2.08	1.95	1.23	0.84	2.23	1.26
浙江	1.65	1.34	1.21	0.93	2.30	2.05	1.13	1.01	2.28	1.88
湖北	1.62	1.23	1.31	0.79	1.91	1.07	1.72	1.07	1.94	1.42
甘肃	1.68	1.45	1.43	1.06	1.99	1.67	1.14	1.00	1.97	1.70
辽宁	1.79	1.28	1.51	1.11	1.98	1.39	1.34	1.13	1.98	1.07
陕西	1.23	1.09	1.09	0.98	1.52	1.10	1.08	1.01	1.46	1.20
黑龙江	1.66	1.13	1.20	1.03	1.87	1.33	1.71	0.83	1.84	1.40
均值	1.60	1.55	1.39	1.08	2.16	1.77	1.45	1.14	2.19	1.70

注："低"表示基础消费品支出份额低的消费者，"高"表示基础消费品支出份额高的消费者。分类标准是城市支出份额是否低于省份平均支出份额，下同。

分省份来看，贸易利益增加率最高的江苏，无论是其低基耗消费者还是高基耗消费者，在同类型的消费者中，获得的贸易利益亦最高，增加率分别高达 275% 和 220%。其低基耗消费者从国内品和进口品消费中获得的贸易利益分别增加了 106% 和 378%，高基耗消费者从两种消费品中获得的贸易利益分别增加了 83% 和 308%。对于总贸易利益增加率次于江苏的上海，其低基耗消费者和高基耗消费者在中美 TPU 下降中获得的贸易利益将分别增加 161% 和 20%。上海的低基耗消费者在国内品和进口品消费中获得的贸易利益将分别增加 53% 和 194%，从种类效应和价格效应中获得的贸易利益将分别增加 73% 和 171%；而上海的高基耗消费者从四种来源获得的贸易利益将分别增加 30%、161%、38% 和 109%。和其他省份相比，上海的低基耗消费者和高基耗消费者从同类型消费品或效应中获得的贸易利益增加率也排在前列。对于总贸易利益增加率最低的山东，其低基耗消费者在中美 TPU 下降中获得的贸易利益增加率为0，而高基耗消费者获得的贸易利益增加率为 8%。而且就从四种贸易利益来源来看，山东的低基耗消费者获得的贸易利益均低于高基耗消费者。这种与整体相反的特征恰恰反映了地区差异。

第三节　多边模拟结果

一　出口国间竞争角度模拟结果

（一）相对 TPU 消除后的贸易利益

双边 TPU 消除后的反事实模拟结果反映了双边贸易协定的重要性和现实意义。在多边贸易协定下，TPU 的下降和完全消除虽然是主要表现，但是与双边贸易协定相比，相对 TPU 的消除才是重点。在表 6－3 中，多边贸易协定下出口国间相对 TPU 的消除从整体上将使中国消费者的贸易利益增加 0.1%。消费者从国内品消费、进口品消费、种类效应和价格效应中获得的贸易利益将分别增加 0.07%、0.11%、0.18% 和 －0.07%。来自价格效应的贸易利益不增反降，说明在多边贸易协定下，出口国之间缺乏竞争，容易形成价格联盟，损害消费者利益。

表 6－3　　出口国间相对 TPU 消除后的贸易利益

省份	总贸易利益	贸易利益来源			
		国内品	进口品	种类效应	价格效应
上海	1.0040	1.0013	1.0052	1.0047	0.9989
云南	1.0015	1.0021	1.0005	1.0094	0.9941
北京	1.0031	1.0013	1.0049	1.0041	1.0029
四川	0.9987	0.9984	0.9997	0.9946	1.0021
安徽	0.9993	0.9991	0.9999	0.9974	1.0010
山东	0.9983	0.9978	0.9997	0.9929	1.0038
山西	0.9997	0.9996	0.9999	0.9984	1.0003

续表

省份	总贸易利益	贸易利益来源			
		国内品	进口品	种类效应	价格效应
广东	1.0042	1.0064	1.0014	1.0078	1.0031
江苏	1.0003	1.0004	1.0001	1.0017	0.9998
江西	1.0018	1.0023	1.0003	1.0090	0.9975
河南	0.9996	0.9995	0.9999	0.9980	1.0006
浙江	1.0050	1.0023	1.0062	1.0069	0.9889
湖北	0.9955	0.9943	0.9991	0.9803	1.0071
甘肃	1.0000	1.0000	1.0000	1.0001	1.0000
辽宁	1.0065	1.0083	1.0012	1.0345	0.9917
陕西	1.0015	1.0013	1.0017	1.0015	0.9917
黑龙江	0.9976	0.9969	0.9995	0.9898	1.0055
均值	1.0010	1.0007	1.0011	1.0018	0.9993

注：本表并未将贸易政策不确定性绝对值下降后的贸易利益增加率考虑在内。由于保留两位小数无法体现差异性，故保留 4 位小数，下同。

分省份来看，部分省份在出口国间相对 TPU 的消除中并未获得贸易利益，比如四川、安徽、山东、山西、河南、湖北和黑龙江，这些省份的总贸易利益分别下降了 0.13%、0.07%、0.17%、0.03%、0.04%、0.45% 和 0.24%，且主要是由于国内品消费和产品种类的增加。辽宁在出口国间相对 TPU 的消除中获得的贸易利益增加率最高，达到 0.65%，其次是浙江（0.50%）、广东（0.42%）、上海（0.40%）和北京（0.31%），且这些省份贸易利益的来源主要是进口品消费和产品种类的增加。由此可见，多边贸易协定下，东部沿海省份从出口国间相对 TPU 消除中获得的贸易利益增加率要高于中西部省份。

虽然出口国间相对 TPU 下降后的贸易利益增加率与 TPU 绝对值下降后相去甚远，但是这并不能否认多边贸易协定的相对作用。表 6-3 实际上汇报了多边贸易协定与双边贸易协定相比多增加的贸易利益，所以只要模拟拟合值和实际拟合值之比大于 1，即可说明多边贸易协定更有利于增加消费者个体贸易利益。

（二）相对 TPU 消除后的贸易利益个体分配

在表 6－4 中，出口国间相对 TPU 消除后，低基耗消费者的贸易利益增加了 0.15%，而高基耗消费者的贸易利益下降了 0.04%。从贸易利益来源来看，在国内品和进口品消费中，低基耗消费者获得的贸易利益分别增加了 0.08% 和 0.12%，高基耗消费者获得的贸易利益分别增加了 －0.13% 和 0.03%；在种类效应和价格效应中，低基耗消费者获得的贸易利益分别增加了 0.22% 和 0.20%，而高基耗消费者获得的贸易利益分别下降了 0.34% 和 0.12%。显然，多边贸易协定下，出口国间相对 TPU 消除后带来的贸易利益，偏向低基耗消费者，这与双边贸易协定下 TPU 完全消除后的结果是一致的。

分省份来看，浙江的低基耗消费者在同类型消费者中获得的贸易利益增加率最高，为 0.69%，其次是上海（0.60%）和北京（0.46%），最低的是山东（－0.14%）。辽宁的高基耗消费者在同类型的消费者中获得的贸易利益增加率最高，为 0.98%，其次是浙江（0.40%）和北京（0.29%）。显然，出口国间相对 TPU 消除后的贸易利益偏向于东部沿海省份。

表 6－4　出口国间相对 TPU 消除后的贸易利益个体分配

省份	总贸易利益		贸易利益来源							
			国内品		进口品		种类效应		价格效应	
	低	高	低	高	低	高	低	高	低	高
上海	1.0060	1.0020	1.0029	1.0003	1.0065	1.0002	1.0058	1.0037	1.0009	0.9989
云南	1.0031	1.0008	1.0040	1.0009	1.0006	1.0002	1.0132	1.0069	0.9997	0.9919
北京	1.0046	1.0029	1.0021	1.0008	1.0054	1.0038	1.0052	1.0033	1.0041	1.0019
四川	1.0004	0.9966	1.0005	0.9957	1.0001	0.9993	1.0016	0.9859	0.9993	1.0057
安徽	1.0002	0.9991	1.0002	0.9989	1.0000	0.9998	1.0009	0.9967	1.0012	0.9998
山东	0.9986	0.9979	0.9983	0.9974	0.9997	0.9996	0.9953	0.9906	1.0042	1.0033
山西	1.0001	0.9994	1.0002	0.9992	1.0000	0.9999	1.0006	0.9969	1.0006	0.9998
广东	0.9992	0.9961	0.9990	0.9951	0.9998	0.9992	0.9963	0.9820	1.0012	1.0040
江苏	1.0019	0.9947	1.0024	0.9933	1.0004	0.9990	1.0090	0.9764	1.0085	0.9973
江西	1.0021	1.0003	1.0026	1.0004	1.0004	1.0001	1.0103	1.0016	0.9971	0.9995

续表

省份	总贸易利益		贸易利益来源							
			国内品		进口品		种类效应		价格效应	
	低	高	低	高	低	高	低	高	低	高
河南	0.9996	0.9996	0.9995	0.9994	0.9999	0.9999	0.9980	0.9980	1.0006	1.0005
浙江	1.0069	1.0040	1.0034	1.0015	1.0071	1.0050	1.0083	1.0042	0.9901	0.9857
湖北	1.0008	0.9941	1.0011	0.9926	1.0002	0.9989	1.0040	0.9743	1.0091	0.9990
甘肃	1.0000	1.0000	1.0000	0.9999	1.0000	1.0000	1.0002	0.9998	1.0000	1.0001
辽宁	0.9998	1.0098	0.9997	1.0126	1.0000	1.0018	0.9989	1.0523	1.0003	0.9874
陕西	1.0021	1.0009	0.9978	0.9950	0.9999	0.9987	0.9910	0.9877	1.0067	1.0044
黑龙江	0.9996	0.9955	0.9995	0.9943	0.9999	0.9992	0.9982	0.9814	1.0107	1.0003
均值	1.0015	0.9996	1.0008	0.9987	1.0012	1.0003	1.0022	0.9966	1.0020	0.9988

二　进口国间竞争角度模拟结果

（一）相对 TPU 消除后的贸易利益

表6－5汇报了进口国间相对 TPU 被消除后的贸易利益。多边贸易协定下进口国间相对 TPU 的消除从整体上将使中国消费者的贸易利益增加92.87%。消费者从进口品消费和价格效应中获得的贸易利益将分别增加165.06%、121.95%，从国内品消费和种类效应中获得的贸易利益将分别下降4.21%、16.48%。来自国内品消费和种类效应的贸易利益不增反降，说明在多边贸易协定下，虽然进口国间相对 TPU 的消除，促进了进口品价格的下降，但是进口国之间缺乏竞争，导致种类数量的下降，损害消费者的贸易利益。

分省份来看，东部地区的消费者在进口国间相对 TPU 消除中获得的贸易利益要高于中西部地区，这一点与出口国间相对 TPU 消除后的贸易利益结果是一致的。在进口国间相对 TPU 的消除中获得的贸易利益增加率最高的是浙江，达到363.94%，其次是上海（226.54%）、北京（217.47%）、广东（113.85%）和江苏（109.54%），且这些省份贸易利益的来源主要是进口品的消费和产品价格的下降。

表6-5 进口国间相对TPU消除后的贸易利益

省份	总贸易利益	贸易利益来源			
		国内品	进口品	种类效应	价格效应
上海	3.2654	0.8520	3.5205	0.4753	3.7064
云南	1.2509	0.9551	1.2351	0.7141	1.2287
北京	3.1747	0.9189	3.3166	1.0135	2.2287
四川	1.9893	0.9645	2.1284	1.5934	1.6239
安徽	1.7619	0.9777	2.0863	0.7462	1.1607
山东	1.5148	0.9774	1.9911	0.8574	1.8597
山西	1.0372	0.9770	1.9325	0.0228	2.8911
广东	2.1385	0.9787	3.0080	0.7397	2.7739
江苏	2.0954	0.9623	2.9033	1.1409	3.8168
江西	1.6592	0.9834	2.7148	1.4077	1.3423
河南	1.1801	0.9824	2.0527	0.5902	1.6030
浙江	4.6394	0.9231	7.926	1.4762	5.3253
湖北	1.6907	0.9822	2.9178	0.9178	1.4721
甘肃	1.7520	0.9799	1.7079	0.8713	2.0455
辽宁	1.4162	0.9719	2.6534	0.5862	1.2274
陕西	1.0464	0.9434	1.0975	0.5755	1.5126
黑龙江	1.1752	0.9546	1.8676	0.4697	1.9133
均值	1.9287	0.9579	2.6506	0.8352	2.2195

（二）相对TPU消除后的贸易利益个体分配

整体而言，进口国间相对TPU消除后，低基耗消费者的贸易利益增加了89.70%，而高基耗消费者的贸易利益下降了4.59%。从贸易利益来源来看，在国内品和进口品消费中，低基耗消费者获得的贸易利益分别增加了47.03%和126.99%，高基耗消费者获得的贸易利益分别下降了49.64%和13.93%；在种类效应和价格效应中，低基耗消费者获得的贸易利益分别增加了96.25%和97.01%，而高基耗消费者获得的贸易利益分别下降了9.95%和10.44%（见表6-6）。显然，多边贸易协定下，进口国间相对TPU消除后带来的贸易利益，偏向低基耗消费者，这与双边贸易协定下TPU完全消除后的结果，以及多边贸易协定下出口国间相对 TPU 消除后的结果是一致的。

分省份来看，浙江的低基耗消费者在同类型消费者中获得的贸易利益增加率最高，为 312.41%，其次是上海（226.54%）和北京（214.52%），最低的是山西（2.84%）。上海的高基耗消费者在同类型的消费者中损失的贸易利益最高，其贸易利益下降了 14.80%，其次是江苏，其贸易利益下降了 7.65%。显然，进口国间相对 TPU 消除后的贸易利益偏向于东部沿海省份。

表 6-6　　进口国间相对 TPU 消除后的贸易利益个体分配

省份	总贸易利益		贸易利益来源							
			国内品		进口品		种类效应		价格效应	
	低	高	低	高	低	高	低	高	低	高
上海	3.2654	0.8520	1.5205	0.4753	3.7064	0.7422	4.1242	0.9924	3.4522	0.9257
云南	1.2226	0.9339	1.1632	0.0388	1.3064	0.7721	1.0389	0.9710	1.2794	0.8297
北京	3.1452	0.9243	1.4253	0.2059	2.9077	1.2964	3.0085	0.9933	2.5033	1.5897
四川	1.8301	0.9608	1.5406	0.7713	2.9384	0.9309	1.3966	0.9697	1.6250	0.6032
安徽	1.3115	0.9570	1.4271	0.6375	2.8809	0.2927	1.0884	0.9809	1.4748	0.9591
山东	1.5614	0.9629	1.8691	0.5274	1.4680	1.0837	1.9058	0.9870	2.0774	0.792
山西	1.0284	0.9699	1.7144	0.2145	1.9013	0.4600	1.1506	0.9842	1.1190	0.2601
广东	2.1647	0.9628	1.0652	0.5172	2.9775	0.8766	2.0491	0.9946	2.9622	0.4297
江苏	2.0035	0.9235	1.6183	0.6254	1.8097	1.1644	2.2945	0.9913	1.2275	1.1778
江西	1.4840	0.9899	1.4509	0.9843	1.8672	0.4959	1.2010	0.9809	1.3782	1.2788
河南	1.6270	0.9820	1.1031	0.3763	2.5568	0.5674	2.9662	0.9831	3.3782	0.9568
浙江	4.1241	0.9914	1.0952	0.0258	3.9390	1.3391	3.2395	0.5385	3.3222	1.6829
湖北	1.5044	0.9885	1.8490	0.7282	1.5475	0.6770	1.9865	0.9758	1.9074	0.4918
甘肃	1.4270	0.9839	1.3060	0.7635	1.6089	0.7020	1.5116	0.9719	1.0869	0.9187
辽宁	1.6010	0.9675	1.5409	0.5286	1.7759	0.9762	1.4531	0.9871	1.7880	0.3075
陕西	1.7293	0.9318	1.8392	0.8028	1.5762	1.1253	1.6809	0.0353	1.6326	1.0153
黑龙江	1.2199	0.9383	1.4679	0.3384	1.8198	1.1306	1.2674	0.9710	1.2779	1.0067
均值	1.8970	0.9541	1.4703	0.5036	2.2699	0.8607	1.9625	0.9005	1.9701	0.8956

本章小结

本章在实证检验的基础上进行了反事实模拟，分别模拟了双边TPU完全消除和多边相对TPU完全消除后，中国消费者获得的贸易利益及其分配。本章发现，当双边TPU完全消除后，中国消费者的贸易利益将增加62%，其中由于国内品和进口品消费获得的贸易利益将分别增加21%和97%，而来自种类效应和价格效应的贸易利益将分别增加30%和99%。贸易利益增加率最高的省份是江苏，增加率高达257%，增加率最低的是山东，仅4%。重要的是，中美双边TPU被消除后，贸易利益偏向低基耗消费者。低基耗消费者获得的贸易利益增加率为60%，而高基耗消费者获得的贸易利益增加率为55%。在多边贸易协定下，出口国间相对TPU的完全消除整体上也会使中国消费者的贸易利益增加0.10%，消费者从国内品消费、进口品消费、种类效应和价格效应中获得的贸易利益将分别增加0.07%、0.11%、0.18%和-0.07%。而且，出口国间相对TPU完全消除后带来的贸易利益偏向低基耗消费者。此外，进口国间相对TPU消除后，中国消费者的贸易利益将整体增加92.87%，消费者从国内品消费、进口品消费、种类效应和价格效应中获得的贸易利益将分别增加-4.21%、165.06%、-16.48%和121.95%。而且，进口国间相对TPU完全消除后带来的贸易利益依然偏向低基耗消费者。所以，无论是双边贸易协定还是多边贸易协定，都能从TPU的降低或消除角度为消费者带来贸易利益，但是多边贸易协定能够降低或消除出口国间TPU竞争效应和进口国间TPU竞争效应，所以其带来的贸易利益要高于双边贸易协定。

结　论

政策含义与研究展望

第一节　结论

本书在现有文献的基础上，探究了不确定性的来源、表现和特征，总结了优惠贸易协定发展趋势，构建了生产侧和需求侧的双异质性模型，从理论上分析了贸易政策不确定性对消费者个体贸易利益及分配的影响，并以中国“入世”为准自然实验，从经验角度验证了贸易政策不确定性条件下的个体贸易利益及分配，最后通过反事实模拟验证了双边和多边贸易协定对降低贸易政策不确定性、提升消费者个体贸易利益的积极作用。根据以上分析和研究，本书主要得到如下结论。

一　当前世界经济进入历史上绝无仅有的超级不确定性时代

随着全球化的发展、世界经济政治格局的演变和人类科技文明的进步，21 世纪的世界经济进入历史上绝无仅有的超级不确定性时代。2008 年国际金融危机和 2011 年欧债危机，暴露了资本主义和全球化市场的深层次脆弱性。自 2015 年以来，金融危机诱导因素不断增加，任何外部冲击都有可能导致新的金融危机爆发。由于资本主义在世界中的利益分配不平衡，资本主义内在矛盾被激化，导致全球范围内的政治摩擦不断，局部地区政治不确定性增加。霸权主义思想根深蒂固，由此引发的恐怖袭击、战争和局部冲突频发，石油和粮食危机、流行性疾病危机日益严峻，损害了人类社会和平健康发展的共同信念。全球化和“逆全球化”、贸易自由主义和保护主义、单边主义和多边主义之间的博弈不断升级，引发了局部贸易摩擦，给企业投资和生产带来极度的不确定性，正在损害全球经济的健康发展。此外，资源环境问题日益严重，经济发展日益疲软，全球性治理难题频出。世界经济的极度不确定性有逐渐加重的趋势，任何冲击都有可能导致不确定性再创新高。

二　代表性消费者框架下 TPU 的贸易利益估计存在偏误

通过构建企业异质性和消费者异质性模型，本书发现，消费者消费商品的价格和企业利润不仅取决于企业的边际成本、出口成本、关税，还取决于消费者的偏好和支出结构，而消费者的支出结构又反映了其偏好和收入。而且贸易政策不确定性对企业进入和退出的影响受到需求侧偏好和支出结构的影响，代表性消费者假设导致了贸易政策不确定性影响估计的偏误。在异质性消费者框架下，不同偏好的消费者在贸易政策不确定性下降中获得的贸易利益不同。

三　替代弹性越高的消费者遭受的贸易利益损失低

在异质性消费者框架下，即使是在确定性条件下，关税上升后，消费者也会遭受贸易利益损失，而且替代弹性越高的消费者，遭受的贸易利益损失越低。此外，当受到贸易政策不确定性冲击时，替代弹性越高的消费者，遭受的贸易利益损失也越低。这是因为，当一种产品面临的关税或者贸易政策不确定性上升后，产品替代弹性高的消费者个体可以转向消费其他产品，进而规避关税和贸易政策不确定性的影响，减少贸易利益损失；产品替代弹性低的消费者个体承受更多的贸易利益损失。

四　优惠贸易协定可以降低和消除 TPU 及其影响

通过理论模型分析，本书发现，未来关税变化的可能性越小，未来关税上升的可能性越小，未来关税越低，贸易政策不确定性程度越低，企业边际成本阈值越高，企业进入越多，消费者个体的贸易利益损失越低。无论是全球性贸易组织 WTO、区域性贸易同盟欧盟，还是区域贸易协定 TPP、RCEP，抑或是双边贸易协定，都是以双边或多边贸易发展为共同信念，确保业务规划、投资环境和贸易条件的稳定、透明和可预测，从而降低贸易政策不确定性。一方面，如果消除某些贸易障碍（比如关税和非关税壁垒），并将其限制为零，那么未来重新谈判的风险就会降低，未来贸易政策不确定性将减少。另一方面，如果具有更多相似偏好的国家在标准、规则以及非经济政策方面达成一致，整合经济以使贸易摩擦的成本极高，未来引发贸易保护的风险和不确定性将下降。所以，签订优惠贸易协定，限制关税变化的可能性、关税上升的可能性和关税上升的幅度，是降低贸易政策不确定性、消除贸易政策不确定性影响的重要贸易政策。本书第五章的经验研究和第六章的反事实模拟，验证了优惠贸易协定对降低贸易政策不确定性、提升消费者个体贸易利益的积极作用，并证实了多边贸易协定优于双边贸易协定。

五　适当的产业补贴可以消除 TPU 的影响

在不确定的环境下，首先受到冲击的是生产者。贸易政策不确定性导致进入出口市场的边际成本阈值上升，已经存在于出口市场的部分企业不得不退出市场，而未进入的企业会延期进入。所以，当遭受贸易政策不确定性冲击时，首先采取政策的是出口企业所在国，它通过产业补贴对冲贸易政策不确定性冲击，补贴率与行业未来可能遭受的最高关税、消费者偏好分布相关。此外，当贸易政策不确定性冲击导致消费者贸易利益损失，消费者所在国可以通过对国内企业补贴，以抵消贸易政策不确定性冲击的影响，补贴率与消费者偏好分布、进口渗透率相关。但是，相比于贸易政策，产业政策略逊一筹。一方面，产业补贴成本高，在本国企业利益未受到实质性损害时，产业补贴政策很难真正实施；另一方面，产业补贴虽然能够弥补消费者贸易利益损失，但是过度的补贴会导致市场混乱，造成资源误置。无论是从成本收益角度，还是从市场发展来看，多边优惠贸易协定是最优的选择。通过签订优惠贸易协定，构建开放型世界经济，将所有国家纳入一个体系，奠定未来贸易政策基调，维护全球经贸健康发展的信念，才能从根源上降低贸易政策不确定性、消除贸易政策不确定性的影响。

六　TPU 的影响会因国家之间的竞争而自动消失

进口国之间关税、贸易政策不确定性、消费者偏好和支出结构差异会产生一种竞争效应，当遭受不确定性影响时，出口国企业可以根据自身的生产效率选择出口市场，从而规避贸易政策不确定性影响。进口国可以根据出口国的贸易政策不确定性差异，选择进口哪国产品，从而规避贸易政策不确定性影响，所以出口国之间也存在竞争效应。而且，这种竞争效应可以自动消除贸易政策不确定性和关税对消费者个体贸易利益造成的损失，甚至给消费者个体带来正的贸易利益。

七　中国加入 WTO 主要通过降低 TPU 提高消费者贸易利益

本书第六章的反事实模拟证实，中国加入 WTO 后，消费者从中美贸易中获得的利益的增加主要是通过 TPU 的下降实现的，实际关税下降的作用并不明显。这是因为中国加入 WTO 后，获得了永久性最惠国待遇，结束了美国一年一度的国会决议“是否授予中国临时最惠国待遇”，结束了美国的高关税威胁，降低了中美之间的贸易政策不确定性。在中国加入 WTO 之前，中美之间的实际关税已经有大幅度下降。所以，实际关税的变化并没有给中国消费者带来贸易利益的显著提升。

第二节　对策建议

随着国内外环境的不断变化，全球范围内的不确定性也逐渐攀升。只有正视不确定性事实，并积极应对，才能在不确定的时代获取新的发展之道。结合本书的理论与实证分析，我们可以得出以下相应的政策含义。

一　开放型世界经济是应对全球不确定性冲击的重要举措

不确定性是人类社会发展过程中的基本客观事实，正如加尔布雷斯所说，在这个不确定的年代，唯一确定的是我们必须面对“不确定”这个事实。在经济高度全球化之后，不确定性不仅具有国际溢出效应，还具有政策溢出效应，几乎没有国家能够在这种不确定性中独善其身，如何应对经济不确定性冲击是国际社会共同面临的难题。一个时代的主导信念，引导人民和政府做出行动。正如“先有经济思想史，后有经济史”，在不确定性事件发生之前，必定有某种思想或信念引导，而这种思想或信念则是不确定性的根源。从根源上降低不确定性及其对世界经济的影响，是未来可以努力的方向。

开放型世界经济奠定了未来贸易政策的基调。推动建设开放型世界经济，是以习近平同志为核心的党中央做出的重大战略部署，是新时代背景下的必然选择，是应对经济不确定性冲击的重要举措。早在 2013 年 9 月 5 日，习近平同志参加 G20 峰会时便向国际社会提出了构建开放型世界经济的理念。2018 年 11 月 5 日，在首届中国国际进口博览会开幕式上，习近平同志进一步阐述了构建开放型世界经济的本质和逻辑，提出“共建创新包容的开放型世界经济”，推动世界经济向“开放、包容、普惠、平衡、共赢”方向发展。在习近平的领导下，未来中国将激发进口潜力，持续放宽市场准入，营造国际一流营商环境，打造对外开放新高地，推动多边和双边合作深入发展，以应对不确定性冲击。习近平同志先后提出关于“一带一路”“构建开放型经济新体制”“构建人类命运共同体”等的重要论述，是对开放型世界经济理念的践行。显然，习近平同志提出的开放型世界经济，以“构建人类命运共同体”为信念，以“开放、包容、普惠、平衡、共赢”为发展方向，奠定了未来贸易政策的基调，保证了未来贸易政策的可预测性，维护了世界经济健康发展的基本信念，为应对全球不确定性冲击、维护全球贸易体系，提供了中国智慧和中国方案，为实现人类社会持续而健康的发展奠定坚实的物质和精神基础。

开放型世界经济符合历史规律。纵观世界经济的发展史，更开放的世界经济将是未来的发展趋势。在全球性经济和金融危机后，保护主义横行，其目的除了保护国内产业，更重要的是，在利益重新分配和新世界经济格局构建过程中增加谈判筹码。归根结底，保护主义只是浩瀚历史中人类社会争夺市场的手段。20 世纪的多边贸易协定和双边贸易协定，大多是各国在保护主义无法实现“保护国内产业、复苏经济”的美好愿景后，回归开放合作的历史选择。立足当今，开放合作是推动世界经济稳定复苏的现实要求。21 世纪不确定性冲击暴增，尤其是在 2008 年国际金融危机爆发后，全球经济呈坠崖式下跌，部分国家和地区甚至出现负增长，经济复苏缓慢是发达经济体和新兴经济体的整体特征。尤其在 2020 年新冠肺炎疫情暴发之后，世界经济甚至陷入停滞状态。世界经济迫切需要稳定、开放、合作的发展环境。读史明智，鉴往知来，只有顺应历史潮流，才能与时代同行。放眼未来，开放合作是促进人类社会不断进步的时代要求。

开放型世界经济符合经济规律。构建开放型世界经济，可以降低不确定性，为企业提供增加收益的条件，为国家乃至世界经济发展助力。历史经验证明，开放合作是增强国际经贸活力的重要动力，在促进经济增长方面有不可低估的作用，世界各国从中受益良多。虽然，在开放的世界经济构建过程中，会存在多种形式的贸易保护和摩擦，比如以英国“脱欧”和特朗普当选美国总统为标志的“逆全球化”浪潮，以及中美贸易摩擦和争端。但是，国际社会已经意识到，共同努力推进全球化、完善多边贸易体制，才是应对当下困境的明智之举。全球化依旧是大多数国家努力的方向，开放型的世界经济发展趋势仍然不会改变。在开放型世界经济的构建中，中国经济实现腾飞，取得举世瞩目的成就。而特朗普政府试图与欧盟、英国和日本等国家达成贸易联盟，并针对中国实施贸易壁垒措施，实际是想阻止美国盟友与中国达成贸易联盟，对中国进行地缘政治经济围堵。这是对中国在开放型世界经济中高额收益的打击，恰恰反映了开放型世界经济的现实意义及其背后的经济规律。

但是，在构建开放型世界经济的过程中，中国应注意以下几点。

第一，开放型世界经济必须以国家安全为前提条件。

正如自由贸易协定不等价于“自由贸易”，开放型的贸易政策并不意味着完全的“开放”。在《全球化的悖论》（2011）中，罗德里克指出：“很多国家选择让国际资本市场主宰其命运，一浪接一浪的金融危机对这些国家造成了不可估量的损失……将国门向外资敞开的国家面临更大的风险，但是又得不到更高的经济增长回报。”2018年委内瑞拉的经济崩盘，以及中东局势的持续复杂化，对国家的经济、金融、政治和军事安全敲响了警钟。所以，开放型贸易政策必须以国家经济、金融、政治和军事安全为前提条件。

第二，开放型世界经济需培养共同信念、治理全球性问题。

全球化给国家发展带来了红利，但是也造成了严重的问题。国内和国际救助补偿政策，都不是解决全球化带来的破坏的必要手段，因为这种方式不仅会使贸易的社会成本远高于其狭隘的经济效益，还会激起“逆全球化”思潮。面对全球性的治理难题，罗德里克（2009）提出：“全球经济的最大缺点不是缺乏国际合作，而是我们对这个简单的道理缺乏全面的认识。”习近平总书记在党的十九大报告中提出的“构建人类命运共同体”，以互利共赢为基本导向和价值理念，是对国际合作全面认识后提出的共同信念，为破解全球性治理难题提供了中国智慧和中国方案。不确定性反映的是主观信念的变化，通过培养相互依存的国际权力观、共同利益观、可持续发展观和全球治理观，以“构建人类命运共同体”为基本信念，必然可以从根源上降低不确定性，为实现人类社会更美好的愿景奠定坚实的物质和精神基础。

第三，构建开放型世界经济需要更好地发挥政府的作用。

具体来看，中国应积极参与国际经济治理，彰显出大国风范，争夺国际政治经济秩序重构的话语权。同时，构建创新包容的开放型世界经济，需要在“一带一路”建设的先期实践基础上，结合中国开放型世界经济构建的制度环境，融合联合国可持续发展目标等全球性总体发展议程，制定出开放型世界经济战略框架，从而保证开放型世界经济进程的顺利实施，并且保证其能够让所有人受益。更重要的是，构建创新包容的开放型世界经济的关键，是保证制度设计的时序性与策略实施的有效性。

二　覆盖面更广的多边贸易协定是重要的开放载体

优惠贸易协定在降低和消除不确定性及其影响方面具有重要作用，所以优惠贸易协定为应对贸易政策不确定性冲击提供了基石。但是，并不是所有的优惠贸易协定都能起到降低贸易政策不确定性的作用。多边贸易协定是国家之间博弈后的必然结果，也是最稳定、最优的结果。相比较于双边贸易协定，覆盖面更广、更包容的多边贸易协定是更重要的开放载体。比如 WTO，在双边自由贸易协定、区域贸易协定如火如荼地展开时，仍然能够成为 162 个国家的选择。

但是，WTO 作为最大的多边贸易协定，目前面临着改革和重塑。一方面，WTO 成员，比如美国、欧盟、日本和加拿大等国家和地区，纷纷表示有必要对 WTO 进行改革，且这些国家均以不同方式提出自己的改革设想和方案。但是，改革之路漫长且面临着重重困难。能否达成一致的改革方案，以及什么时候能够完成改革，都是未知数。另一方面，欧盟方面已经与加拿大和挪威就贸易争端解决机制达成协议，其他国家，比如巴西也有意加入。回顾多边贸易体系的历史，可以发现，一项暂时性的方案往往成为永久性的协议。所以，欧盟和加拿大等达成的新协议，可能成为未来多边贸易协定的雏形。中国作为贸易大国，既要积极推动 WTO 的改革，又要时刻关注其他国家动态，把握新多边协定达成的机会。此外，中国必须注意到众多的双边协定有分裂 WTO 争端解决机制的效果，可以借鉴欧盟的立场，主张一个覆盖面更广、更包容的整体协议。

三　陆海内外联动、东西双向互济的开放格局是新时代的要求

遵循习近平同志关于打造人类命运共同体的重要论述，新时代中国要建立高质量的开放型经济体系，必须利用自由贸易区等开放载体，逐渐形成陆海内外联动、东西双向互济的开放格局。在改革开放的浪潮中，中国虽然获得了贸易红利，但是也面临着贸易利益分配不平等问题。比如 Han 等（2016）发现，加入 WTO 的贸易利益偏向于中国穷人。而且本书的经验研究也证实，基础消费品支出份额不同的消费者，在贸易政策不确定性下降中获得的贸易利益增加率也不同。所以，新时代的开放政策，必须健全市场机制、合作机制、互助机制和扶持机制，实现陆海内外联动、东西双向互济，从而推动区域的协调发展，进而实现贸易利益的平衡分配。

第三节　未来展望

虽然学术界对贸易政策不确定性的研究已经形成较为系统的理论体系，本书也在现有文献的基础上，构建理论模型，进一步剖析了贸易政策不确定性对消费者个体贸易利益及分配的影响，并进行了经验验证。但是，仍有许多问题需要进一步深入探究。

一　展开中间品机制的理论研究

企业进口中间投入品，跟生产商下单会产生固定成本，在面对经济冲击时，企业会适宜地调整中间投入品的存货策略，主要是通过大量不成比例地削减中间投入品的订单。订单的固定成本越高，在贸易政策的不确定性增加时，企业越不愿意从国外购买中间投入品，这也被称为放大效应。但是，这种放大效应会被高折旧率消除，产品折旧率越高，企业越需要频繁地进口中间投入品，这种消除效应也就越大；折旧率越低，企业应对贸易政策不确定性冲击时放大效应越大。那么，在企业异质性和消费者异质性框架下，如何从理论角度刻画中间品机制？贸易政策不确定性如何通过中间品机制影响贸易、消费者个体贸易利益及分配？企业如何通过存货管理避免不确定性冲击？这是未来理论研究需要关注的。

二　展开贸易政策不确定性与企业创新的理论研究

现有的经验研究发现了贸易政策不确定性对出口企业产品创新的影响，比如佟家栋、李胜旗（2015）研究了贸易政策不确定性与中国出口企业产品创新之间的关系，并发现贸易政策不确定性的下降促进了中国企业的产品创新，尤其是外资企业和出口市场新进入者的产品创新。但是，现有文献并未从理论层面刻画贸易政策不确定性对企业创新的影响，或者挖掘不确定性影响企业创新的机制。习近平经济思想强调创新驱动发展，而贸易政策不确定性与企业创新的理论研究，能够为企业应对不确定性冲击、实现高质量发展提供借鉴。

三　展开贸易政策不确定性对生产要素市场影响的理论和经验研究

目前贸易政策不确定性的研究主要集中在企业或者微观产品，并未展开贸易政策不确定性对生产要素的影响研究。本书的研究从消费层面证实了贸易政策不确定性对消费者的影响，但是消费者同时还是劳动力供给者，贸易政策不确定性对消费者工资的影响又是如何？在资本市场上，毛其淋和许家云（2018）证实了贸易政策不确定性对企业储蓄率的影响，那么贸易政策不确定性对资本报酬的影响又是怎样的？学术界不仅需要从经验角度证实贸易政策不确定性对生产要素报酬的影响，还应该构建理论模型，剖析贸易政策不确定性影响生产要素报酬的机制。这对应对贸易政策不确定性冲击、完善保障体制，具有重要的现实意义。

四　完善贸易政策不确定性的度量方法

在日益复杂的国际环境中，关税政策、国际经济波动和国内政治冲击的交互作用也日趋复杂，如何度量三种因素造成的贸易政策不确定性是未来需要攻克的重点课题。以中国为例，许多中国的重要贸易伙伴国，除与中国同为 WTO 成员方外，并未与中国签订任何双边或多边贸易协定，比如日本、墨西哥和美国。而且，在“逆全球化”浪潮下，日益增强的贸易保护主义和经济波动性以及各国内部的政治冲击（比如中美贸易摩擦），增加了中国与这些贸易伙伴国之间贸易政策的不确定性。如何全面系统地度量这种融合了 WTO 约束关税、经济波动性和政治冲击的贸易政策不确定性，这个问题亟待解决。这种不确定性的存在对中国外贸和企业出口行为动态变化、中国消费者个体贸易利益及分配的影响如何，也需要进一步的分析，从而为中国构建更高层次的开放型经济提供理论和经验借鉴。

五　强化基于现实问题的应用研究

当前世界的经贸形势风云变幻，全球化和“逆全球化”、贸易自由主义和保护主义之间的博弈不断升级，贸易摩擦甚至是贸易战时有发生，增加了世界经济的不确定性。这些现实问题，为贸易政策不确定性的经验研究提供了自然实验，值得深入挖掘。比如，中美贸易摩擦，给企业投资和生产带来极大的不确定性。据不完全统计，自 2018 年 2 月至 2019 年 12 月，中美调整双边关税等限制性措施高达35次，从投资限制、技术封锁，发展到人才交流中断，双边贸易摩擦不断升级。不断升级和变化的限制性措施，以及毫无征兆的暂停，目不暇接，使中美出口企业遭受巨大的损失。虽然2019年12月中旬，中美就第一阶段经贸协议文本达成一致，双方将分阶段取消加征关税，但是暂时的共识并未从根本上解决双边贸易不平衡等结构性问题，美国从战略上遏制中国的意图也并未改变。中美之间的贸易摩擦问题也将给消费者带来贸易利益损失，而这需要进一步的经验研究加以实证。经验是论证理论的最好方法，同时也是推动理论发展的重要基石。正是大量的经验研究发现了企业异质性，从而开启了学术界对异质性贸易理论模型的探讨。所以，强化基于现实问题的应用研究，不仅能够验证现有的理论研究结论，还能发现新的理论拓展方向。

参考文献

陈雨露、马勇、阮卓阳:《金融周期和金融波动如何影响经济增长与金融稳定?》,《金融研究》2016 年第 2 期。

丹尼·罗德里克:《全球化的悖论》,中国人民大学出版社 2011 年版。

邓小华、陈慧玥:《贸易政策不确定性对出口二元边际的影响研究——基于美国和新兴市场国家的数据分析》,《安徽大学学报》(哲学社会科学版)2021 年第 1 期。

龚联梅、钱学锋:《贸易政策不确定性理论与经验研究进展》,《经济学动态》2018 年第 6 期。

郭华、王程、李后建:《政策不确定性、银行授信与企业研发投入》,《宏观经济研究》2016 年第 2 期。

江秋怡:《贸易政策不确定性、中间品贸易与企业生产率》,硕士学位论文,浙江工商大学,2019 年。

李敬子、刘月:《贸易政策不确定性与研发投资:来自中国企业的经验证据》,《产业经济研究》2019 年第 6 期。

鲁晓东、刘京军:《不确定性与中国出口增长》,《经济研究》2017 年第 9 期。

毛其淋:《贸易政策不确定性是否影响了中国企业进口?》,《经济研究》2020 年第 2 期。

毛其淋、许家云:《贸易政策不确定性与企业储蓄行为——基于中国加入 WTO 的准自然实验》,《管理世界》2018 年第 5 期。

钱学锋、龚联梅:《贸易政策不确定性、区域贸易协定与中国制造业出口》,《中国工业经济》2017 年第 10 期。
钱学锋、龚联梅:《特朗普贸易政策：特征、前景评估及启示》,《人文杂志》2018 年第 8 期。
钱学锋、李莹:《消费者异质性与贸易利益的个体分配：一个文献综述》,《北京工商大学学报》(社会科学版)2017 年第 5 期。
施炳展、张夏:《中国贸易自由化的消费者福利分布效应》,《经济学》(季刊)2017 年第 4 期。
苏理梅、彭冬冬、兰宜生:《贸易自由化是如何影响我国出口产品质量的？——基于贸易政策不确定性下降的视角》,《财经研究》2016 年第 4 期。
孙林、周科选:《区域贸易政策不确定性对中国出口企业产品质量的影响——以中国—东盟自由贸易区为例》,《国际贸易问题》2020 年第 1 期。
佟家栋、李胜旗:《贸易政策不确定性对出口企业产品创新的影响研究》,《国际贸易问题》2015 年第 6 期。
佟家栋、刘程:《“逆全球化”的政治经济学分析》,《经济学动态》2018 年第 7 期。
王备、钱学锋:《贸易自由化、生活成本与中国城市居民家庭消费福利》,《世界经济》2020 年第 3 期。
王博、齐炎龙:《宏观金融风险测度：方法、争论与前沿进展》,《经济学动态》2015 年第 4 期。
魏悦羚、张洪胜:《贸易政策不确定性、出口与企业生产率——基于 PNTR 的经验分析》,《经济科学》2019 年第 1 期。
谢杰、陈锋、陈科杰、戴赵琼:《贸易政策不确定性与出口企业加成率：理论机制与中国经验》,《中国工业经济》2021 年第 1 期。
许建康:《历史上的三次大萧条与马克思主义经典作家的论述》,《经济纵横》2009 年第 10 期。
约翰·肯尼思·加尔布雷斯:《不确定的年代》,江苏人民出版社 2009 年版。

詹姆斯·K. 加尔布雷斯：《正常的终结——理解世界经济新常态》，中信出版社 2017 年版。

张丽娟：《国际贸易正在发生结构性的动态调整》，《世界知识》2019 年第 24 期。

Alchian, A. A., "Uncertainty, Evolution, and Economic Theory", *Journal of Journal of Political Economy*, Vol. 58, No. 3, 1950.

Anderson, J. E., Young, L., "The Optimality of Tariff Quotas under Uncertainty", *Journal of International Economics*, Vol. 13, No. 3 – 4, 1982.

Arvan, L., "Flexibility versus Commitment in Strategic Trade Policy under Uncertainty: A Model of Endogenous Policy Leadership", *Journal of International Economics*, Vol. 31, No. 3, 1991.

Abel, A. B., Eberly, J. C., "A Unified Model of Investment under Uncertainty", *American Economic Review*, Vol. 84, No. 5, 1994.

Alessandria, G., Joseph, P. K., Virgiliu, M., "Inventories, Lumpy Trade, and Large Devaluations", *American Economic Review*, Vol. 100, No. 5, 2010.

Aastveit, K. A., Natvik, G. J. J., Sola, S., "Economic Uncertainty and the Effectiveness of Monetary Policy", Norges Bank Working Paper, 2013.

Atkin, D., Fabe, R. B., Gonzalez-Nava, R. R., "Retail Globalization and Household Welfare: Evidence from Mexico", CEPR Discussion Paper, No. 10593, 2014.

Alberto, O., Roberta, P., Nadia, R., "Trade Policy Uncertainty as Barrier to Trade", WTO Staff Working Paper, 2015.

Arbatli, E. C., Davis, S. J., Ito, A., "Policy Uncertainty in Japan", NBER Working Paper, No. 23411, 2017.

Amiti, M., Dai, M., Feenstra, R. C., "How did China's WTO Entry Benefit U. S. Consumers?", Social Science Electronic Publishing, 2017.

Argente, D., Lee, M., "Cost of Living Inequality during the Great Recession", *Journal of the European Economic Association*, 2020.

Blundell, R., Lewbel, A., "The Information Content of Equivalence Scales", *Journal of Econometrics*, Vol. 50, No. 1, 1991.

Baker, S. R., Bloom, N., Davis, S. J., "Measuring Economic Policy Uncertainty", *Quarterly Journal of Economics*, Vol. 131, No. 4, 2016.

Baldwin, R., Krugman, P., "Persistent Trade Effects of Large Exchange Rate Shocks", *Quarterly Journal of Economics*, Vol. 104, No. 4, 1989.

Bernanke, B. S., "Irreversibility, Uncertainty, and Cyclical Investment", *Quarterly Journal of Economics*, Vol. 98, No. 1, 1983.

Bchir, M. H., Jean, S., Laborde, D., "Binding Overhang and Tariff-Cutting Formulas", *Review of World Economics*, Vol. 142, No. 2, 2006.

Bloom, N., Bond, S., Reenen, J. V., "Uncertainty and Investment Dynamics", *Review of Economic Studies*, Vol. 74, No. 2, 2007.

Bloom, N., "The Impact of Uncertainty Shocks", *Econometrica*, Vol. 77, No. 3, 2009.

Bloom, N., "Fluctuations in Uncertainty", *Journal of Economic Perspectives*, Vol. 28, No. 2, 2014.

Behrens, K., Murata, Y., "Globalization and Individual Gains from Trade", *Journal of Monetary Economics*, Vol. 59, No. 8, 2012.

Brambilla, I., Porto, G., Tarozzi, A., "Adjusting to Trade Policy: Evidence from U. S. Antidumping Duties on Vietnamese Catfish", *Review of Economics and Statistics*, Vol. 94, No. 1, 2012.

Boutchkova, M., Doshi, H., Durnev, A., Molchanov, A., "Precarious Politics and Return Volatility", *Review of Financial Studies*, Vol. 25, No. 4, 2012.

Bachmann, R., Elstner, S., Sims, E. R., "Uncertainty and Economic Activity: Evidence from Business Survey Data", *American Eco-*

nomic Journal, Vol. 5, No. 2, 2013.

Bown, C. P., Crowley, M. A., "Import Protection, Business Cycles, and Exchange Rates: Evidence from the Great Recession", *Journal of International Economics*, Vol. 90, No. 1, 2013.

Burstein, A., Cravino, J., Vogel, J., "Importing Skill-Biased Technology", *American Economic Journal*, Vol. 5, No. 2, 2013.

Brodac, C., Romalis, J., "The Welfare Implications of Rising Price Dispersion", University of Chicago Booth School of Business Working Paper, 2009.

Brogaard, J., Detzel, A., "The Asset-Pricing Implications of Government Economic Policy Uncertainty", *INFORMS*, Vol. 61, No. 1, 2015.

Barrero, J. M., Bloom, N., Wright, I., "Short and Long Run Uncertainty", NBER Working Paper, No. 23676, 2017.

Berger, D., Giglio, S., Dewbecker, I., "Uncertainty Shocks as Second-Moment News Shocks", NBER Working Paper, No. 23796, 2017.

Berlingieri, G., Breinlich, H., Dhingra, S., "The Impact of Trade Agreements on Consumer Welfare: Evidence from the European Union's Common External Trade Policy", *Journal of the European Economic Association*, Vol. 16, No. 3, 2017.

Cooper, R., Riezman, R., "Uncertainty and the Choice of Trade Policy in Oligopolistic Industries", *Review of Economic Studies*, Vol. 56, No. 1, 1989.

Cho, G., Sheldon, I. M., Mccorriston, S., "Exchange Rate Uncertainty and Agricultural Trade", *American Journal of Agricultural Economics*, Vol. 84, No. 4, 2002.

Croce, M. M., Kung, H., Nguyen, T. T., Schmid, L., "Fiscal Policies and Asset Prices", *The Review of Financial Studies*, Vol. 25, No. 9, 2012.

Colombo, V., "Economic Policy Uncertainty in the US: Does It Matter for the Euro Area?", *Economics Letters*, Vol. 121, No. 1, 2013.

Cravino, J., Levchenko, A. A., "The Distributional Consequences of Large Devaluations", *American Economic Review*, Vol. 107, No. 11, 2017.

Coibion, O., Gorodnichenko, Y., Koustas, D., "Consumption Inequality and the Frequency of Purchases", *IZA Discussion Paper*, No. 10882, 2017.

Cravino, J., Lan, T., Levchenko, A. A., "Price Stickiness along the Income Distribution and the Effects of Monetary Policy", *Journal of Monetary Economics*, 2018.

Casabianca, E. J., "Distributional Effects of Preferential and Multilateral Trade Liberalization: The Case of Paraguay", *Journal of International Trade & Economic Development*, Vol. 25, No. 1, 2016.

Caldara, D., Albero, C. F., Gilchrist, S., Zakrajšek, E., "The Macroeconomic Impact of Financial and Uncertainty Shocks", *European Economic Review*, Vol. 88, 2016.

Creal, D. D., Wu, J. C., "Monetary Policy Uncertainty and Economic Fluctuations", NBER Working Paper, No. 20594, 2017.

Constantinescu, C., Aaditya, M., Ruta, M., "Trade Developments in 2016: Policy Uncertainty Weighs on World Trade", World Bank Working Paper, No. 112930, 2017.

Carballo, J., Handley, K., Limão, N., "Economic and Policy Uncertainty: Export Dynamics and the Value of Agreements", NBER Working Paper, No. 24358, 2018.

Crowley, M., Song, H. S., Meng, N., "Tariff Scares: Trade Policy Uncertainty and Foreign Market Entry by Chinese Firms", *Journal of International Economics*, Vol. 114, 2018.

Caldara, D., Iacoviello, M., Molligo, P., Prestipino, A., Raffo, A., "The Economic Effects of Trade Policy Uncertainty", *Journal of*

Monetary Economics, Vol. 109, No. 1, 2020.

Deaton, A. and Muellbauer, J., *Economics and Consumer Behavior*, UK: Cambridge University Press, 1980.

Dixit, A., "Entry and Exit Decisions under Uncertainty", *Journal of Political Economy*, Vol. 97, No. 3, 1989.

Dixit, A., Pindyck, R. S., "Investment under Uncertainty", *Economics Books*, Vol. 39, No. 5, 1994.

Frankel, J. A., Stein, E., Wei, S. J., *Regional Trading Blocs in the World Economic System*, Institute for International Economics, 1997.

Feenstra, R. C., Hanson, G. H., "The Impact of Outsourcing and High-Technology Capital on Wages: Estimates for the United States, 1979 – 1990", *The Quarterly Journal of Economics*, Vol. 114, No. 3, 1999.

Fajgelbaum, P. D., Grossman, G. M., Helpman, E., "Income Distribution, Product Quality, and International Trade", NBER Working Paper, No. 15329, 2011.

Fajgelbaum, P. D., Khandelwal, A. K., "Measuring the Unequal Gains from Trade", *Quarterly Journal of Economics*, Vol. 131, No. 3, 2016.

Frias, J. A., Kaplan, D. S., Verhoogen, E., "Exports and Within-Plant Wage Distributions: Evidence from Mexico", *American Economic Review*, Vol. 102, No. 3, 2012.

Faber, B., "Trade Liberalization, the Price of Quality and Inequality: Evidence from Mexican Store Prices", Working Paper, UC Berkeley, 2014.

Facchini, G., Maggie, Y. L., Mayda, A. M., Minghai, Z., "China's 'Great Migration': The Impact of the Reduction in Trade Policy Uncertainty", *Journal of International Economics*, Vol. 120, 2019.

Feng, L., Li, Z., Swenson, D. L., "Trade Policy Uncertainty and

Exports: Evidence from China's WTO Accession", *Journal of International Economics*, Vol. 106, 2017.

Food and Agriculture Organization of the United Nations, *Global Report on Food Crisis*, 2021.

Gomes, F. J., Kotlikoff, L. J., Viceira, L. M., "The Excess Burden of Government Indecision", *Tax Policy and the Economy*, Vol. 26, No. 1, 2012.

Greenland, A., Ion, M., Lopresti, J., "Policy Uncertainty and the Margins of Trade", Social Science Electronic Publishing, 2014.

Greenland, A., Ion, M., Lopresti, J., "Exports, Investment and Policy Uncertainty", SSRN Working Paper, No. 2833536, 2016.

Groppo, V., Piermartini, R., "Trade Policy Uncertainty and the WTO", Social Science Electronic Publishing, 2014.

Gulen, H., Ion, M., "Policy Uncertainty and Enterprise Investment", *Review of Financial Studies*, Vol. 29, No. 3, 2016.

Hart, A. G., *Risk, Uncertainty and the Unprofitability of Compounding Probabilities*, Chicago: University of Chicago Press, 1942.

Helpman, E., Razin, A., *A Theory of International Trade under Uncertainty*, Academic Press, 1978.

Hermes, N., Lensink, R., "Capital Flight and the Uncertainty of Government Policies", *Economics Letters*, Vol. 71, 2001.

Hobijn, B., Lagakos, D., "Inflation Inequality in The United States", *Review of Income and Wealth*, Vol. 51, No. 4, 2005.

Handley, K., "Exporting under Trade Policy Uncertainty: Theory and Evidence", *Journal of International Economics*, Vol. 94, No. 1, 2014.

Handley, K., Limão, N., "Trade and Investment under Policy Uncertainty: Theory and Firm Evidence", *American Economic Journal Policy*, Vol. 7, No. 4, 2015.

Handley, K., Limão, N., "Trade under T. R. U. M. P. Policies", in *Eco-*

nomics and Policy in the Age of Trump, CEPR Press, 2017a.

Handley, K., Limão, N., "Policy Uncertainty, Trade, and Welfare: Theory and Evidence for China and the United States", *American Economic Review*, Vol. 107, No. 9, 2017b.

Handley, K., Limão, N., Ludema, R., Yu, Z., "Policy Credibility and Firm Performance: Theory and Evidence from Chinese Trade Reforms", NBER Working Paper, No. 27910, 2020.

Helpman, E., Krugman, P. R., *Market Structure and Foreign Trade*, MA: MIT Press, 1985.

Han, J., Liu, R., Ural, M. B., "Market Structure, Imperfect Tariff Pass-Through, and Household Welfare in Urban China", *Journal of International Economics*, Vol. 100, 2016.

International Monetary Fund, *World Economic Outlook: Hopes, Realities, Risks*, 2013.

Imbruno, M., "Importing under Trade Policy Uncertainty: Evidence from China", *Journal of Comparative Economics*, Vol. 47, No. 4, 2019.

Jones, R. W., "The Structure of Simple General Equilibrium Models", *Journal of Political Economy*, Vol. 73, No. 6, 1965.

Jones, R. W., "A Three-Factor Model in Theory, Trade, and History", in *Trade Balance of Payments, and Growth*, 1971.

Julio, B., Yook, Y., "Policy Uncertainty, Irreversibility, and Cross-Border Flows of Capital", Social Science Electronic Publishing, 2013.

Jurado, K., Ludvigson, S. C., Ng, S., "Measuring Uncertainty", *American Economic Review*, Vol. 105, No. 3, 2015.

Jaravel, X., "The Unequal Gains from Product Innovations: Evidence from the US Retail Sector", Social Science Electronic Publishing, 2016.

Krugman, P. R., "Increasing Returns, Monopolistic Competition, and International Trade", *Journal of International Economics*, Vol. 9, No. 4, 1979.

Kee, H. L., Nicita, A., Olarreaga, M., "Estimating Trade Restrictiveness Indices", *Economic Journal*, Vol. 119, No. 534, 2009.

Knight, F. H., *Risk, Uncertainty and Profit*, University of Cambridge Press, 1921.

Klössner, S., Sekkel, R., "International Spillovers of Policy Uncertainty", *Economics Letters*, Vol. 124, No. 3, 2014.

Kohl, T., Brakman, S., Garretsen, H., "Do Trade Agreements Stimulate International Trade Differently? —Evidence from 296 Trade Agreements", *The World Economy*, Vol. 39, No. 1, 2016.

Kozeniauskas, N., Orlik, A., Veldkamp, L., "The Common Origin of Uncertainty Shocks", NBER Working Paper, No. 22384, 2016.

Khandelwal, A. K., Fajgelbaum, P. D., "Measuring the Unequal Gains from Trade", *Quarterly Journal of Economics*, Vol. 131, No. 3, 2016.

Lakatos, C., Nilsson, L., "The EU-Korea FTA: Anticipation, Trade Policy Uncertainty and Impact", *Review of World Economics*, Vol. 153, No. 1, 2016.

Limão, N. and Maggi, G., "Uncertainty and Trade Agreements", *American Economic Journal Micro*, Vol. 7, No. 4, 2015.

Limão, N., "Preferential Trade Agreements", *Handbook of Commercial Policy*, NBER Press, 2016.

Lederman, D., Porto, G., "The Price is Not Always Right: On the Impacts of Commodity Prices on Households", World Bank Research Observer, 2016.

Ludvigson, S. C., Ma, S., Ng, S., "Uncertainty and Business Cycles: Exogenous Impulse or Endogenous Response?", NBER Working Paper, No. 21803, 2018.

Mendoza, E. G., "Terms-of-Trade Uncertainty and Economic Growth", *Journal of Development Economics*, Vol. 54, No. 2, 1997.

Melitz, M. J., "The Impact of Trade on Intra-Industry Reallocations and

Aggregate Industry Productivity", *Econometrica*, Vol. 71, No. 6, 2003.

Morikawa, M., "What Types of Policy Uncertainties Matter for Business?", *Pacific Economic Review*, Vol. 21, No. 5, 2016.

McCalman, P., "International Trade, Income Distribution and Welfare", *Journal of International Economics*, Vol. 110, No. 1, 2018.

Novy, D., Taylor, A. M., "Trade and Uncertainty", NBER Working Paper, No. 19941, 2014.

Nigai, S., "On Measuring the Welfare Gains from Trade under Consumer Heterogeneity", *The Economic Journal*, Vol. 126, No. 593, 2016.

Osharin, A., Thisse, J. F., Ushchev, P., "Monopolistic Competition and Income Dispersion", *Economics Letters*, Vol. 122, No. 2, 2014.

Osnago, A., Piermartini, R., Rocha, N., "Trade Policy Uncertainty as Barrier to Trade", WTO Staff Working Paper, 2015.

Obstfeld, M., "Get on Track with Trade", *Finance and Development*, Vol. 53, No. 4, 2016.

Ogura, M., "Measuring the Impact of Consumption Tax on the Cost-of-Living Index from Japanese Household Survey", *Modern Economy*, Vol. 8, No. 3, 2017.

Orhun, A. Y., Palazzolo, M., "Frugality is Hard to Afford", *Journal of Marketing Research*, Vol. 56, No. 1, 2019.

Porto, G. G., "Using Survey Data to Assess the Distributional Effects of Trade Policy", *Journal of International Economics*, Vol. 70, No. 1, 2006.

Porto, G. G., "Estimating Household Responses to Trade Reforms: Net Consumers and Net Producers in Rural Mexico", *International Economics*, Vol. 144, 2015.

Pástor, L., Veronesi, P., "Uncertainty about Government Policy and Stock Prices", *The Journal of Finance*, Vol. 67, No. 4, 2012.

Pástor, L., Veronesi, P., "Political Uncertainty and Risk Premia",

Journal of Financial Economics, Vol. 110, No. 3, 2013.

Pierce, J. R., Schott, P. K., "The Surprisingly Swift Decline of US Manufacturing Employment", *American Economic Review*, Vol. 106, No. 7, 2016.

Qiu, L. D., "Strategic Trade Policy under Uncertainty", *Review of International Economics*, Vol. 3, No. 1, 1995.

Roberts, M. J., Tybout, J. R., "The Decision to Export in Colombia: An Empirical Model of Entry with Sunk Costs", *American Economic Review*, Vol. 87, No. 4, 1997.

Rodrik, D., "Policy Uncertainty and Private Investment in Developing Countries", *Journal of Development Economics*, Vol. 36, No. 2, 1991.

Rienzo, C., "Real Wages, Wage Inequality and the Regional Cost-of-Living in the UK", *Empirical Economics*, Vol. 52, No. 4, 2017.

Ritzel, C., Kohler, A., Mann, S., Beciu, S., "The Causal Effect of Reducing Trade Policy Uncertainty: A Comparative Case Study of Bangladesh's Textile Exports to Switzerland", *International Economics*, Vol. 156, No. 11, 2018.

Rodrik, D., "What do Trade Agreements Really Do?", *Journal of Economic Perspectives*, Vol. 32, No. 2, 2018.

Sudsawasd, S., Moore, R. E., "Investment under Trade Policy Uncertainty: An Empirical Investigation", *Review of International Economics*, Vol. 14, No. 2, 2006.

Stiglitz, J. E., "Making Globalization Work", *Challenge*, Vol. 50, No. 1, 2007.

Stock, J. H., Watson, M. W., "Disentangling the Channels of the 2007 – 09 Recession", *Brookings Dissertations on Economic Activity*, Vol. 1, 2012.

Swallow, Y. C., Céspedes, L. F., "The Impact of Uncertainty Shocks in Emerging Economies", *Journal of International Economics*, Vol. 90,

No. 2, 2013.

Schott, P., Pierce, J., Schaur, G., "Trade Policy Uncertainty and the Structure of Supply Chains", Society for Economic Dynamics, 2017.

Steinberg, J., "Brexit and the Macroeconomic Impact of Trade Policy Uncertainty", Society for Economic Dynamics, 2017.

Shepotylo, O., Stuckatz, J., "Quantitative Text Analysis of Policy Uncertainty: FDI and Trade of Ukrainian Manufacturing Firms", SSRN Working Paper, No. 2983695, 2017.

Topalova, P., "Trade Liberalization, Poverty and Inequality: Evidence from Indian Districts", NBER Working Paper, No. 11614, 2005.

Talavera, O., Tsapin, A., Zholud, O., "Macroeconomic Uncertainty and Bank Lending: The Case of Ukraine", *Economic Systems*, Vol. 36, No. 2, 2012.

Taglioni, D., Zavacka, V., "Innocent Bystanders: How Foreign Uncertainty Shocks Harm Exporters?", ECB Working Paper, No. 1530, 2013.

Ulrich, M., "Economic Policy Uncertainty and Asset Price Volatility", SSRN Working Paper, No. 1566909, 2012.

Verhoogen, E. A., "Trade, Quality Upgrading and Wage Inequality in the Mexican Manufacturing Sector", *Quarterly Journal of Economics*, Vol. 123, No. 2, 2008.

World Bank Group, *Global Economic Prospects: Weak Investment in Uncertain Times*, Washington, 2017.

Yonce, A., "US Enterprise Investment over the Political Cycle", *Quarterly Journal of Finance*, Vol. 5, No. 1, 2015.

Zhu, C., Trefler, D., "Trade and Inequality in Developing Countries: A General Equilibrium Analysis", *Journal of International Economics*, Vol. 65, No. 1, 2005.

索　引

K

M

N

Q

S

致　谢

打完油菜，站在坝上，俯瞰长江，不禁感叹，读书二十一载，终有成，无愧于这片土地，无愧于父母，无愧于自己。此间，有苦有甜，有泪有笑。在此，谨向所有曾经给予我帮助的人表示深深的感谢和敬意！

首先，我要感谢我的导师钱学锋教授。作为国际贸易研究领域的资深学者，他博学深耕，严于律己，虚怀若谷，时刻查阅最新文献，掌握最新理论知识，始终保持严谨端正的学术作风。作为学生的导师，他精于治学，能够因材施教、循循善诱，使学生挖掘自身潜力，发挥自身长处。本科四年，硕博五年，我能受教于钱老师，实属三生有幸。在大四最为迷茫的时候，钱老师指导我学习高级微观、高级宏观和高级计量，并毫不吝啬地对我的读书笔记做出表扬，使我重拾学习的信心。在读硕士期间，钱老师指导我阅读外文文献，对文献进行归纳总结，并引导我结合时事进行思考。这一过程使我养成了做读书笔记的习惯，也锻炼了我“学而思”的能力，让我逐渐发现了学术研究的乐趣，坚定了我读博深造的信念。我在硕士期间写的第一篇学术论文，钱老师从学术道德到行文规范，从标点符号到断句，从引言铺垫到结论提炼，都进行了详细的指导。这份细心、耐心，令我敬佩不已。在读博士期间，钱老师承担了更重要的行政事务，但他并没有因此减少对我们学生的指导，仍然坚持每周一次的例会，坚持阅读文献，及时给予学生指导。而这每周的例会是我最期待的时刻，因为此时我会知道同门有多努力，钱老师又有了什么新的学术想法。在相互讨论过程中，我们能够越辩越明。正是钱老师敏锐的学术洞察力，以及前期对我学习习惯和思考方式的引导，才有了本书的诞生。钱老师对于学术研究的“真心”“纯心”“善心”，是我往后学术生涯中“恒心”的源泉。钱老师时常教导我们“为学先为人”“为学要善学”“为学重无用”。短短三句，却是每一位科研从业者一生都要牢记并付诸实践的。

其次，我要感谢国贸、国商和贸经教研室的张建民、黄汉民、张华容、曹亮、宋伟良、田毕飞、丁梅生、吴英娜、席艳乐、余乐芬、谭智、赵曜、刘凯、李敬子、何祚宇、闫文收和毛海涛等老师，感谢研究生办公室的孙开帆、赵元元、姜倩倩和罗尚秀等老师。作为财大“钉子户”，我这一钉就是9年。在这9年里，各位老师对我的学习、生活和工作都提供了极大的帮助和指导，使我能够顺利完成大学学业和博士学业，完成本书的撰写。

再次，我要感谢我的同门，特别是开心果龙叔和佩奇、谦谦君子钊弟、居家小能手李莹，感谢善解人意的范范和安安妈，感谢酒神孔叔。硕博期间，我们互帮互助，在寒冷的冬天一起喝过小酒取过暖，在炎炎夏日一起啃过西瓜喝过啤酒整过小龙虾，在烂漫的春天一起爬过山健过身，在凉爽的秋日里一起推过模型跑过数据。他们给我枯燥的学术生涯增添了无数乐趣，给我以后的日子增添了一抹抹回忆。

又次，我要感谢我的家人。我的父亲是一个勇于突破常规思想的人，在村里盛行初中毕业即出门打工的时候，我的父亲便全力以赴支持我和兄长读书。当身边不停出现“女孩子读什么书”“女孩子早点出门挣钱养家”等声音，我的父亲告诉我“你的人生为自己而过，你的书为自己而读”。正是父亲的这份开明，我才坚定地完成了自己的学业，成为村里第一个博士，也是第一个女性博士。父亲在教育方面的“男女平等”思想，使我成为当代独立女性。我的母亲是一个勤劳、孝顺、有大智慧的人。在我小时候，母亲要照顾我和兄长，照顾中风瘫痪的奶奶，还要种十几亩地。日子很苦，所以母亲总盼着我和兄长赶快长大，当我们能养活自己了，日子就不会那么苦了。可是，真当我们长大独立后，母亲并没有放下农田“享清福”，而是种更多的地。在新冠肺炎疫情期间，母亲把别人的荒地改为良田，种起了玉米、西瓜等作物，因为母亲觉得“民以食为天，都到城里不种地了，人民吃什么，总是要有人种地”。母亲真正践行了“干一行爱一行”，做到了一个农民的本分。作为老师、作为科研工作者，我不禁反思，我对这个行业是否尽了心力。我的兄长大我四岁半，是我的启蒙老师，是我的榜样。从我两岁多开始，我便天天跟着兄长“上学”，当他上课的时候就躲在他的桌子底下玩耍。放学了兄长会用小黑板教我数数，教我拼音，把他在学校学的内容再传授给我。正是这样一段“跟学”经历让我觉得读书是一件有意思的事情，也正是这段“学龄前”教育，让我在小学期间觉得学习是最简单的事情。兄长从小成绩好，几乎每次考试都是全校第一，深得学校老师的喜爱。每当我成绩不好，学校老师都会以我兄长的表现来激励我，而我也一直以追赶兄长为目标。我的爱人善良、胸中有大义，在我求学路上一直陪伴我，支持我，让我没有后顾之忧。而他对梦想的坚持和追求，亦激励着我不断奋进。

最后，我要感谢国家感谢党。自上大学以来，学费有助学贷款，生活费有国家补助。这使我能够顺利完成学业，实现自己的梦想。特别感谢国家社会科学基金项目“贸易政策不确定性条件下的贸易利益个体分配研究”（21FYB025）的支持。

学历有尽头，知识无尽头。余生我必将不忘初心、牢记使命！

龚联梅

2021 年 6 月于巫峡口